高橋　和

頭の良い子は将棋で育つ

GS
幻冬舎新書
493

はじめに

はじめまして。女流棋士の高橋和《やまと》と申します。

私は二十九歳で現役を引退し、現在は東京・吉祥寺の将棋教室『将棋の森』で、主に子どもたちに将棋を教えています。今まで指導した子どもは三〇〇〇人を超えます。

最近は、藤井聡太六段の活躍もあり、将棋を習う子どもが増えてきました。

「賢い子になってほしい」

「将棋を習うと、礼儀正しい子になりそう」

「プロになって、藤井六段のように活躍してほしい」

こんな思いを胸に、『将棋の森』へお子さんを連れてくるお父さん、お母さんがたくさんいらっしゃいます。

昔は、将棋というと、タバコの煙がもくもく立ちこめる中、おじさんたちが指すものというイメージがあったかもしれません。でも、今はすっかり知的なゲームとして定着し、子どもの習いごとの一つとして選択肢に挙がるようになりました。

実際、将棋は、子どもの力を育むうえで大いに役立つと感じています。

考え続けることができる「集中力」
勝利への道筋を脳にインプットする「記憶力」
正しいゴールを見極める「先を読む力」
失敗から学ぶ「復習力」
結果を引き受ける「逃げない力」
頭でなく心で学ぶ「礼儀作法」
無言の対話から育まれる「コミュニケーション力」
最適な判断を瞬時に下す「決断力」

将棋には、このように素晴らしい要素がたくさんあります。

でも「なぜ、将棋を続けているんですか？」と聞かれれば、私は「楽しいから」と答えます。

小学校一年生で将棋に出会って以来、将棋を指すことは私にとっての日常になりました。もちろん、大変なことも多いのでいつも「楽しくて仕方がない！」と思っていたわけではありませんが、それでも将棋を続けてきたのは、やっぱり楽しいからだと思います。

なぜなら、こんなにゴールが見えないゲームは他にありません。指せば指すほど、力がつけばつくほど、思考の回路が増えるので奥深さが増していきます。それが、多くの人を惹《ひ》きつける理由だと思います。

だから私は、たくさんの子どもたちに将棋の楽しさを伝えるとともに、将棋を通じて子どもたちの成長をサポートしていきたいと思っています。

将棋をすることで子どもの顔がパッと明るくなって、目がキラキラッと輝く。そんな瞬間をたくさん作り出すことが私の使命であり、生きがいです。

この本は、将棋を子どもに学ばせたい、もしくは、すでに学ばせているお父さん、お母さんに向けて書きました。

「何から始めればいいかわからない」「子どもが将棋をすると、どんないいことがあるの？」「子どもが強くなるためには、どう導いてあげればいいんだろう」など、さまざまな疑問やお悩みにお答えしていきます。将棋のルールをご存じない方もいらっしゃると思うので、こみいった話はしません。今現在、将棋に関する知識がゼロでも、気軽に読み進めることができます。

ひと昔前のように、一緒に住んでいるおじいちゃんや、近所のおじさんから、子どもが自然と将棋を習う機会は、少なくなってきました。だからこそ、お父さん、お母さんの導きが必要です。

この本がきっかけとなって、より多くの子どもたちが将棋の楽しさを体感し、健やかに成長してくれることを願っています。

頭の良い子は将棋で育つ／目次

第二章 将棋で子どもの人間力を育てる

第三章　それそも将棋とはどんなゲーム？　71

第四章　子どもに将棋をどう教えるか

第五章　「プロ棋士」とはこんな仕事　147

編集協力　森本裕美
図版・ＤＴＰ　美創

第一章

将棋で子どもの脳を育てる

将棋の舞台は「脳の中」

宇宙より広い世界での戦い

将棋は盤上の戦いと言われます。ですが、実は、決して盤の上で戦っているわけではありません。

本当の舞台は、脳の中。

相手と自分の脳の中での戦いが、結果として盤に表れているだけなのです。

プロの棋士は、朝の十時から夜中の十二時くらいまで戦い続けることがあります。そうすると、体重が二キロくらい減ります。ただ座っているだけなのに不思議ですよね。しかも、お昼にどんぶりを食べたり、おやつを食べたり、夕飯だってちゃんと摂るのに体重が減る。じゃあ、何がそんなにエネルギーを消費しているのかというと、脳なんです。

将棋になじみがない方は「駒を動かせばいいだけでしょう？　何をそんなに考えこんでいるの？」と思われるかもしれません。私も知り合いから、こんなことを言われたことがあります。

「対局中って、生きてるのか心配になるくらい動かないよね」

これを聞くと、将棋好きな方は「失礼な！」と怒るかもしれません。でも、私は特に不愉快な感情を抱きませんでした。傍《はた》からはそういうふうに見えるのかと驚きましたし、「たしかに、盤の前で十二時間も座り続けるなんて変だよな」と思いました。

対局中の棋士はほとんど静止画像のように見えますが、その頭の中では、駒がタタタタ……と動いています。「これをこうして、こっちにするとああなって」と、常に脳がすごい勢いで回転しているため、ものすごくエネルギーを消費します。プロ棋士の中には、一局を終えると、脳の血管が膨張して、頭皮が赤くふくれ上がるという方もいるほどです。

将棋はたった九×九マスの盤と、四〇枚の駒で行うゲームですが、指し手のパターンはおよそ一〇の二二〇乗にも及びます。これは、宇宙の原子の総数よりも大きい数です。つまり、盤を介して、棋士たちは宇宙よりも広い世界で戦いを繰り広げているのです。

今だからこそ必要な頭の使い方

今の時代に、これほど脳を使う機会は、ほとんどないのではないでしょうか。

たとえば地図にしても、私たちが子どものころとは様変わりをしています。ナビを手軽に使えるようになったので、自分の頭で考える必要がなくなりました。

ナビがない時代は、紙の地図を見て、「次を右に曲がって、まっすぐ」とか、「右に曲がって、また右に曲がると反対に行っちゃうからダメだな」とか、なんとなく方角が頭の中にあり、それを元に自分の頭でちゃんと考えていたと思います。でも、今はその必要がありません。ナビの言う通りに動けば、正確に目的地へたどり着けます。

しかし、だからといって、私はコンピューターが進化したことをマイナスにはとらえていません。進化と退化は表裏一体だと思っているからです。

私くらいの世代の人間が、地図を読めなくなったことを「退化」だと思うのは、元々は自分で地図を読めていたからです。でも、今の子どもたちには、そう思う前提となる経験がありません。進化・退化を比較する対象がないのです。

だから、私は今の子どもたちに、期待しています。便利な道具に囲まれて生きる子どもたちが、新たな考えや発想をしてくれるような気がするからです。私たち大人が、退化だと感じることを進化に変えてくれる力が、子どもたちにはきっとあります。

そのためには、やっぱり、自分の頭を使うことが大切。頭を使う機会が乏しい今の時代だからこそ、将棋があらためて注目を集めているのではないでしょうか。

考え続けることができる「集中力」

最初はイスにじっと座ることから

将棋は、集中しないと勝てません。だから、子どもが将棋を習うことによって一番養われる能力は、集中力だと思います。

幼稚園の年中さんや年長さんくらいのお子さんの場合、最初はただ座っていることも、なかなかできません。でも、しばらく経《た》つと、じっと座っていられるようになります。将棋のおもしろさや魅力に気付くと、スッと対局に入っていきます。

子どもの集中力がもつのは十五分が限度だと耳にしたことがあります。

子どもが一局戦うのに要する時間もだいたい十五分くらいなので、ちょうどいい練習になるのではないでしょうか。一局終わって、ちょっと席を立ってリフレッシュして、また違う子と対戦。集中と休憩がセットで繰り返し行われるので、集中するときのスイッチの入れ方が、うまくなると思います。

周りの子どもたちが集中していると、その子も自然と集中できるようになる、ということもあります。ふだんはワイワイ騒いでいる子でも、周りが全員、真面目に将棋を指している環境に身を置くと、そうなっていくんですよね。良い意味での感染が起きるんです。子どもは素直だから、どういうものに感染するかは、とても大切だと思います。

勝てる→楽しい→集中できる、の好循環

将棋を習うことで集中力を育むことができますが、中には、長く習っていても集中力が続かない子もいます。なぜでしょうか。

私がたどり着いた答えは「良い指し手がわかっていないから」です。

良い手がわからず「このままだと負ける」「逃げたい！」という気持ちになるから、集中が途切れる。集中できないから、良い手がわからない。この悪循環にはまってしまうことがあります。要するに、将棋を「楽しい！」と思えていないのです。

でも、逆に言うと、将棋を楽しいと思うようになれば、集中もできるし、勝手に強くなっていきます。

だから、私の役割は「楽しい」へ、いかにつなげてあげるかということ。

たとえば、対局中に気が散っている子に対しては、「ここで、一〇〇万点の手があるん

だけどなー」と、言ってみる。

そうすると、子どもの目が、キラーンと輝いて「え？　どこ!?」と、目の前の盤に意識が戻ってきます。

そして、良い手を指せたら、「すごくいい手だね！」と褒める。

よく、お母さん方に「将棋を習い始めてから、集中力がつきました。ありがとうございます」と言っていただくのですが、大部分は子どもが自分で身に付けた力です。

もちろん、声をかけたり、アドバイスをしたりはしますが、将棋の楽しさに目覚めた子どもは、もうわかっています。

集中すれば、良い手が見つかる。

良い手が見つかれば、勝てる。

勝てる＝楽しい。

そういう経験を積み重ねることで、好循環を築ければ「はい、いっちょう上がり！」。

これは決して、将棋に限ったことではありません。子どもにとって大切なのは「楽しい」と思えること。心から楽しいと思えれば、周りが何もしなくても勝手に集中して取り組むし、伸びていきます。

勝利への道筋を脳にインプットする「記憶力」

棋士の記憶力は超人的

最初にお断りをしておきます。

「将棋を習えば、羽生竜王が何十年も前の対局内容を覚えているみたいに、記憶力が良くなるのかしら」

こんなことは期待しないでください。プロ棋士と比較をしてはいけません。あの人たちは天才です。

たしかに、「あの十年前の対局では、相手はこういうふうに指したけど、それで風向きが変わって……」なんて、すらすら語る棋士はたくさんいます。そのため「きっと、うちの子も頑張ればこうなれるんだ」と、お父さん、お母さんが思われる気持ちはよくわかります。

でも、重ねて言いますが、あの人たちは天才、超人です。比較する対象として適切ではありません。

ですが、天才とまではいかなくても「人並み以上の記憶力を育みたい」ということであれば、話は別です。それは、充分可能だと考えます。

将棋で勝つためには、詰め将棋のパターンを覚えることが大切です。詰め将棋というのは、相手に勝つための一手を学ぶパズルのようなものです（八〇ページ参照）。

詰め将棋をひたすら解くことで、脳の記憶を司る領域が活性化されるように思います。

私は脳科学の専門家ではないので正確なことはわかりませんが、体感と、たくさんの子どもたちを見ている経験から、そう思っています。

記憶力があれば応用力も鍛えられる

いくら数学の公式を記憶していても、応用できなければ意味がないように、将棋も、詰め将棋のパターンを覚えることは大切ですが、それだけでは勝つことはできません。

重要なのは、柔軟な発想を持つこと。

「この場合は、あのパターンが使える。ああなったら、あっちのパターンが使える」と、状況に応じて道を切り開く、応用力が必要です。

応用力を身に付けるためには、何よりも、自分の頭で考えることが大事。

「これはうまくいく」

「これはうまくいかない」

「どうしてうまくいかないんだろう？」

「じゃあ、どうしたらいいんだろう？」

これらのことを、記憶した知識をベースに繰り返し考えることで、応用力は少しずつ身に付いていきます。ただしそのためには、ある程度、その子を自由にさせなくてはいけません。

将棋に限らず、大人はいろいろなことに対する正解を経験として知っています。そのため、子どもに正解を教えて、近道をさせてあげようとします。でも、それは子どもの応用力を奪います。

「こうするとダメ」「こうするのが正解」と大人に答えを押しつけられると、そこから抜け出すことは、子どもにとって悪になります。そして、自分なりの考えを組み立てる回路を失います。

将棋は、人間対人間がするものなので、必ず心理的な部分が働きます。「時間が足りない。早く指さなくては」「勝てるかもしれない！」など、焦りやおごりが、つきまといます。そんな複雑な状況下で勝利をつかみ取るためには、応用力が不可欠です。記憶力と応用力は、両者がそろって初めて役立つものだと思います。

正しいゴールを見極める「先を読む力」

無限の選択肢からベストの一手を選ぶ大局観

「先を読む力」は、将棋を通じて得られる能力の代表格だと思います。

ただし、先を読むことはもちろん大切ですが、その先にあるものが、自分にとって正しくなければ意味がありません。

たとえば、この道をまっすぐ行くと信号がある。そこを右に曲がるとコンビニがある。だからそこで、飲み物を買うことができる。

こんなふうに読んだとしても、その人の欲しい物が飲み物ではなくて、薬だったとしたらまったく意味がありません。きちんと、薬局へ行くための道すじを思い描く必要があるからです。

この、「先を読んで行きつく場所が、自分にとって良いか悪いかを判断する力」のことを、将棋界の言葉で「大局観」と言います。

対局では、混沌としている序盤から、その先に自分の理想的な形があるかどうかを見極めなくてはいけません。ですから、大局観なくして勝利を収めることはできません。

この大局観は、もちろん一朝一夕に身に付くものではありません。

無限の選択肢からベストな一手を判断し、また状況に応じて新たな一手を判断する。その判断の蓄積が、大局観を育むのです。

大人の生徒さんが、こんなことを言っていました。

「今までは、会社で上司に理不尽なことを言われたときに、頑張って言い返しても簡単にやりこめられていました。でも、将棋を始めてから、『こうやって言ったら、この人、こういうふうに言ってくるだろうな。だから、そのときに言い返す言葉を先に用意しておこう』って考えられるようになりました」

それを聞いて、やはり将棋は、先を読む力と大局観を培うのだと感じました。

将棋を習っている子どもは成績が良い

「将棋を習わせると、学校の成績は上がりますか?」と、聞かれることがあります。

イエス、ノーで言うと、答えはイエスです。

実際、将棋が強い学校は、中学・高校なら麻布や開成、大学なら東大、慶應、早稲田など、学力の高いところが多いです。将棋の強さと学力の高さは比例していると考えられます。

ただし、そもそも学力が高いから将棋が強くなったのか、それとも将棋が強いから学力が高くなったのか、因果関係は、はっきりわかりません。

でも、断言できることがあります。それは、そういう知的好奇心が強い子どもたちを、将棋は惹きつけてやまないということです。

知的な子が夢中になるゲーム、それが将棋なのです。

私の例を挙げるのもなんですが、子どものころの成績は上位のほうでした。だいたい、一〇〇点満点中、九五〜九八点くらいは取っていたと思います。

でも、うちの父は「なぜ、あと二点取れなかったんだ」と言うタイプ。だから父に怒られると「何よー! 絶対に負けないから!」と燃えていました。私はとにかく負けず嫌いなので、今振り返れば、それが父の作戦だったのかもしれません。

ちなみに、将棋を指している人は、私を含め、数学を好きな人が多いように思います。国語か数学かと言われれば、圧倒的に数学！　正しい道順をたどれば、必ず一つの答えが出る。突き詰めていく感じがたまりません。

失敗から学ぶ「復習力」

勝った人と負けた人が一緒に振り返る「感想戦」

子どもの脳を育む、将棋ならではと思う力があります。

それは復習力です。

将棋には、感想戦というものがあります。感想戦とは、対局後に、開始から終わりまで、あるいはその一部を再現して、お互いの手の良し悪しや最善手などを検討することを言います。

まず、前提として、感想戦は勝った人も負けた人も本気で行います。

ふつうは、次もまた対戦するかもしれない相手ですから、手の内は見せないほうが得です。でも、棋士にその発想はありません。

なぜなら、「この対局を追究したい」という欲求が勝るからです。

対局を終えても、脳の中はぐるんぐるん回転しています。決して「負けました」で、スイッチをオフにできるわけではなく、熾烈《しれつ》な戦いをお互いに終え、すごい勢いで脳が動き続けているのです。だから、頭の中は、その対局のことでいっぱい。突き詰めたい気持ちが強いから、思ったことを正直に言い、最高の対局を描き直します。

感想戦とは、いわばエラーを修正するもの。ギリギリの戦いを終えた自分と相手が、一緒に復習をします。だから、復習力が養われるのです。

何かを終えたときに、きちんと振り返るのはとても大切なことです。それを怠ると、失敗を次に生かすことはできません。

日常生活でも復習をする習慣が身に付く

『将棋の森』に通っている子どもたちにも、強くなりたいのならば、感想戦をしようねと伝えるようにしています。そして最近、将棋を始めたばかりのお子さんを持つお母さんが、こんなことを言っていました。

「うちの子は、学校のテストで間違えても、復習をしようとしません。一問間違えたとしても、九五点ならいいかという感じで、気にしていません。でも、親としては、間違えたことに対して、きちんと向き合って、失敗を次に生かしてほしいんです。だから、将棋で感想戦をすることに慣れれば、日常生活の失敗も、自主的に復習するようになるのではないかと期待しています」

言われてみて、たしかにそれはあるかもしれないと思いました。

実際、将棋に励む子どもたちを見ていても、復習することを嫌がっていません。むしろ、感想戦をすることによって強くなれることを知っているので、強くなればなるほど、「振り返るという行為は、当然あるものだ」と積極的に復習しています。

最初のうちは、負けた自分から逃げたいので、感想戦を嫌がることもあります。ですから、そういう子に対しては、まずは「一つだけ良かったことを言おう」から始めて、「負けちゃった相手に、どこが一番困ったか教えてあげよう」というふうに、促していきます。

元々、子どもは人に教えることが好きなので「ちょっと、その子に教えてあげてね」と言うと、顔を輝かせて「わかった」と言って、「ここはね……」と、もういいよというくらいまで相手に説明してくれます。

この復習力は、人生のあらゆるシーンで役立つ能力です。

大切なのは、子どものうちにしっかり育んでおくこと。復習力がないと、自分の非を含め、イヤなものにはふたをする習慣ができ上がってしまいます。子どもたちには、自分をちゃんと見つめ直せる人間になってほしいと願っています。

将棋界こぼれ話

藤井六段の登場はどのくらい衝撃的？

私はまだ、藤井六段と対面したことはありませんが、「関西所属の、すごいのがいるぞ」という話はずいぶん前から聞いていました。「小学生とは思えないほど、詰め将棋が恐ろしくできる」と、その名をとどろかせていたのです。

関西のうわさが、関東まで届くというのは、よっぽどのことです。関西と関東にはそれぞれ奨励会（強い子が集まるプロの養成所）があるので、ほとんど交流がありません。そのため、唯一両者が顔を合わせる三段リーグ（上位二名がプロになれるリーグ戦）の際には、関東の奨励会員の子たちも「どんな子なんだろう」とザワザワしながら、対局を見守っていたようです。

藤井さんの登場は、羽生竜王が登場したときと同じくらいの衝撃度だと思います。羽生さんのときも「恐ろしく強い子が奨励会にいる」と言われていたそうなので、また同じような波が来たんだなと、感じました。

ただし、「すごい人が登場した」という衝撃と、その人が本当に活躍するのかというのは別問題です。そのため、将棋界は藤井プロが誕生しても、比較的シビアに見ていたのですが、いきなり二九連勝ですからね。駄目押しの一撃がありました。

その後も勢いは止まらず、朝日杯将棋オープン戦では佐藤名人、羽生竜王を破って優勝。数々の最年少記録を塗り替えています。

今や、将棋界だけでなく日本中の人が、今後、彼がどのように成長していくのかに注目しています。

彼の指す手を見ていると、「さすが、コンピューター世代だな」と感じます。今までは、それこそ江戸時代から常識とされているような型にはまった戦い方がありました。でも、彼は良い意味で、そこからはみ出して、かつての常識に一石を投じました。当たり前と言われていたものが、実は当たり前ではなかった。それを証明し続けています。だから、序盤から今までにない形になり、新たな将棋の可能性を見せてくれています。

それに加えて、終盤の底力。それも藤井六段の持ち味です。豊富な詰め将棋経験に裏打ちされた、読みの正確さには目を見張るものがあります。

今後、彼は間違いなくタイトル戦にからんでくることでしょう。長い目で見守っていきたいと思います。いや、「長い目」と言うまでもなく、そう遠くない未来でしょうね。成長が楽しみです。

将棋界こぼれ話

三日三晩飲み続ける集中力

藤井六段のお母様は、彼が幼いころに、本人が飽きるまで好きなことをさせていたそうです。彼が五歳くらいのころは、迷路を作ることに何時間も没頭していたと聞きました。五歳で、一つのことを数時間やり続ける集中力は、すごいですよね。

藤井さんに限らず、棋士はみんな、集中力に長《た》けています。

私の師匠は、佐伯昌優《よしまさ》九段なのですが、そのさらにお師匠様が故・坂口允彦《のぶひこ》九段でした。

「おい、佐伯来い」と坂口先生に呼ばれて行ってみると、「酒を飲むぞ」と。それから、朝から晩まで飲み続けるそうです。しかも寝ないで、三日間も！

他にも、別荘に集まって三日三晩ゲームをやり続ける棋士の話も聞いたことがあります。ふつうは、いくら楽しいことでも、徹夜で三日間も同じことをしていたら苦しくなると思います。でも、棋士にはそれがありません。

この、集中力というか、飽きるまでとことんやり続ける力は、やはり棋士ならではだと思います。

第二章

将棋で子どもの人間力を育てる

勝ち負けを経験する意味

感情の経験値が増える

将棋は明確に、白丸（勝ち）、黒丸（負け）で結果が分かれます。努力を重ねて、頑張ったにもかかわらず負けてしまう。その現実に愕然《がくぜん》とします。一生懸命取り組めば、いいことがあるいっぽう、すべてが報われるわけではないことも学びます。

しかしこの経験こそが、子どものころに必要なのではないでしょうか。

負けた悔しさ
努力が実った達成感
次も頑張ろうと奮起する心
情熱と実力が釣り合わない、もどかしさ
やめたくなるような絶望感

どうすればいいか迷う心
絶対に勝ちたいと思う執着心

いろいろな感情を味わうことで、感情の経験値が増えます。それが、豊かな人間性を育むのだと思います。

もちろん、これは将棋に限ったことではありません。

野球でも水泳でも、ピアノでも、全力で何かに取り組むとき、子どもの心は成長します。

だから私は、子どもたちに絶対将棋をやってほしいと思っているわけではありません。何かしら打ちこめるものがあれば、それでいいと思います。

ただ、将棋はおもしろい。

年齢、性別、体格を超えて、フェアに戦うことができます。だからいつからでも、何歳になっても続けられる、本当に素晴らしいものです。

痛い目に遭うことは一生の財産

「感情の経験値が増えるのはいいけれど、できることなら辛い思いはさせたくない」

そう思っている、お父さん、お母さんもいらっしゃるのではないでしょうか。

たしかに、まだ小さい子どもが、もがき苦しむ姿を見るのは辛いでしょう。でも、私は子どものころだからこそ、どんどん痛い目に遭うべきだと思います。辛いことも含めて、何でも経験させればいいのではないでしょうか。

私は、「子どものころに痛い目に遭う」というのは、とても大切なことだと思っています。「痛い」という言葉をいくら辞書で引いても本当の意味はわからないでしょう。経験して初めて得られるものがあるのです。

私自身も、子どものころ、痛い目に遭いました。

あれは、小学生のときのことです。

「小学生将棋名人戦」というアマチュアの大会で、私は順調に勝ち上がり、本戦へ出場を果たしました。

二回戦で当たったのは、「マツオ君」。ガンガン攻める私に対して、彼は防戦いっぽう。「勝負あり！」と思いきや、終盤で逆転され、私はあえなく敗退。そしてマツオ君はその年、優勝しました。

「人生で一番悔しかったことは何ですか？」と聞かれたら、私はこの思い出がパッと蘇《よみがえ》ります。アマチュア時代から現役を引退するまで、山ほど戦ってきたにもかかわらず、思い出すのはこの一局。追い上げられてきたときにドクンドクンとスピードを増した心臓の音、「負けました」と言ったときの情けなさ、泣き出したいのをこらえた唇の痛み、すべてが鮮明に思い出されます。

しかし、逆に言うと、これは私にとって財産なのです。こんなふうに痛い目に遭うことができたからこそ、私はプロになれたし、今の私があります。

だから私は、親御さんが先回りをして、子どもが痛い目に遭わないようにしてしまうのは、子どもにとってプラスになると思いません。

むしろ、お父さん、お母さんがそばにいる今だからこそ「好きにやっていいよ」と、送り出していただきたい。そうすれば、お子さんも「何があっても受け止めてくれる場所があるんだ」と、安心して挑戦することができます。

将棋は「指す」という同じ行為を繰り返しているだけに見えます。でも、その中のドラマは対局ごとにまったく異なります。そこから、子どもたちはたくさん痛い目に遭いながら、自分なりの答えを見つけていくのです。

結果を引き受ける「逃げない力」

敗れた人が自分から「負けました」と言う

将棋は、敗れた人が「負けました」と言わなくてはいけません。

「負けましたと言うときは、どういう気持ちなんですか？」と聞かれたことがあります。

もちろん悔しいのですが、それには二つパターンがあります。

一つは、終始押されていた場合。

「（あぁ、もう本当にダメだった）……負けました！」

もう一つは、途中まで優勢だったにもかかわらず、自分がマイナス一〇〇点くらいの大失敗をして、どんでん返しをくらった場合。

「（もう少しで勝てると思っていたのに……。自分がイヤになる！）負けました……」

こんなふうに、いろいろな感情を胸に吹き荒らしながら、「負けました」を口にしています。

自分の負けを認めるのは、とても苦しいことです。

その手を選んだのは自分。あの手を選んだのも自分。負けを引き寄せたのも自分。すべての結果が、自分にのしかかってくるからです。

そのため最初のころ、勝負に敗れた子どもたちは言い訳をします。

「相手が強かったから」

「今日は調子が悪かったから」

「他の子がうるさかったから」

しかし、将棋をやり続けていくうちに、わかってきます。

「すべてをひっくるめて、自分が悪いんだ」

そして、結果から逃げずに「負けました」と言えるようになるのです。

この、自分の失敗から逃げずに、弱い自分や非を認める力は、とても大切ではないでしょうか。敗れた側が「負けました」と言うことで終わるのは、日本の将棋の大きな特徴の一つです。侍スピリットとでも言うべき日本的な態度は、世界が混沌としている今の時代にこそ必要な力かもしれません。

負けたときの言い訳を作らない

棋士の多くは、対局に際して、自分なりのルーティーンを持っています。

私の場合は、

・千駄ケ谷駅から将棋会館までは、必ず同じ道を通る

・ハンカチや扇子など、持ち物の基本セットを毎回同じにする

・基本セットの置き場所をいつも通りにする

・おやつは、はちみつのど飴《あめ》とフリスク

……などでした。

でも、これは決して験《げん》を担いでいるわけではありません。

言い訳できないようにしているのです。

なぜなら、いつもと違うことをして負けた場合、「道順が悪かったのかなあ」「ああ、今日は扇子を持ってこなかったからだ」など、どうしても何かに責任を押しつけたくなってしまうからです。

だから、負けたときの言い訳を自分で作らないために、条件を同じにするのです。そうすれば「負けたのは、自分が弱いからだ」と、素直に認めざるを得ません。

棋士はみんな、言い訳をしません。すべての結果の原因を自分の中に求めます。たとえ羽生竜王に負けたとしても、「負けたのは、羽生さんが強いからではなく、自分が弱いからだ」と考える。そういう人たちです。

どんなに負けても諦めず続ける力

強くなるためには、どんなに負けても諦めず、コツコツ努力する必要があります。

でも、努力のほとんどは報われません。

私がプロになりたてのころ、連敗してしまったとき、ファンの方は、「頑張ってね」「応援してるよ」と励ましてくださり、私もそれに応えたくて一生懸命勉強しました。でも、やっぱり勝てない。

将棋は結果がすべてです。だから負けが続くと、「ちょっと、サボってるんじゃないの？」と言われたこともありました。「やってるっちゅうねん！」と心の中でぼやくものの、じゃあどうすればいいかというと、さらに頑張るしかないわけです。どんなに負けても、地道な努力をしていくしかありません。

私は、子どもたちに渡す色紙に、この言葉を記します。

「継続は力なり」

何かを続けられるというのは、それ自体が一つの才能です。

一日十五分でも、三十分でも、毎日欠かさずに取り組むことで、必ず見えてくるものがあります。

波を察知して「運をつかむ力」

運気が下がっても、じたばたしない

棋士は、自分の攻め入るタイミングがわかると同時に、マイナスのときの状況も冷静に見ることができます。これは、「運を察知する」ということです。

たとえば、一生懸命努力しているのに、どうしてもうまくいかないことが続いているとします。「最近、運が悪いな〜」と思うでしょう。そして、その状況に嫌気が差し、なるべく早く運が悪い状態から抜け出そうと、もがくのではないでしょうか。

しかし、私はそうしません。

「ああ、今はダメな時期だな」と思うだけです。元々ポジティブな性格であることも関係していると思いますが、人生の悪い運を察知しても、悲観することはありません。それを冷静に見つめている自分がいます。

ずっと、いい状態が続くことはありません。対局に波があるように、人生もアップダウンがあります。ですから、運気が下がっているときは、じたばたしません。「今、現状はここにいる」ということを冷静にとらえるだけです。

ゲームには必ず勝ち方があるという信念

運を証明するのは難しいですが、そもそも、運は運ではないのかもしれません。

トランプの「大貧民」をすると、必ず勝つ棋士がいました。その秘訣《ひけつ》を聞いてみると、こんな答えが返ってきました。

「えっ、だってトランプって五四枚でしょう。覚えればいいじゃないですか」

こう、サラッと言うのです。

たとえば、三人で大貧民をするとします。

それぞれがカードを十数枚持っています。

Aさんがクイーンを二枚出しました。

ということは、クイーンは残り二枚で、自分が持っていなければBさんが二枚、自分が一枚持っていれば、Bさんが一枚持っていることになります。

次に、Bさんがツーペアを出しました。

ふつう、スリーカードを持っていればすべて出すので、残りは二枚で、自分が持っていなければAさんが二枚、自分が一枚持っていればAさんが一枚持っていることになります。

こんな感じで、相手の心理を読みながら、すべて記憶していくので勝つことができるそうです。

まさに、次元が違う大貧民。

論理的に展開を読んだり、「この人の性格からして、ここで二枚出してしまうだろう」などと心理を読んだり、棋士はあらゆる事柄を包括して展開の舵《かじ》を取っているのです。

漠然と「勝ちたい」と思ってゲームをするのではなくて、「ゲームには必ず勝ち方があるはずだ」と勝利の法則を見つけ出す。だから、棋士は運をつかみ取ることができるのです。

頭でなく心で学ぶ「礼儀作法」

挨拶がきちんとできることの意味

多くのお父さん、お母さんが期待されている通り、将棋を習うことによって、子どもは礼儀作法を身に付けることができます。

将棋は「よろしくお願いします」で始まり、「負けました」で終わります。これも、もちろん礼儀作法に含まれますので、習慣化することで、挨拶をきちんとできるお子さんになると思います。

けれども、将棋で培われる礼儀作法の真髄は、対人間への礼儀です。

たとえば、小さな子どもにとって、相手が考えている間に「待つ」というのは、大変なことです。将棋を始めたばかりの子は、フラフラ立ち歩いたり、余計な音を出したり、「早く！」と急《せ》かしたりしてしまうことが、ほとんどです。

でも、私は何も言いません。

なぜなら、注意しなくても直るからです。

自分がされてイヤなことは、相手にもしない。真剣勝負を何度も経験するうちに、相手を配慮する気持ちが芽生えていきます。

勝っても「やったー！」と言わない

なぜ、真剣勝負を繰り返すうちに、相手を思いやれるようになるのでしょうか。

昔、将棋連盟の子供将棋スクールで教えていたときに、こんなことがありました。

ある、やんちゃな男の子は、将棋で勝つと喜びを全身で表します。

「やったー！」「わーい！」

子どもですから、勝ってうれしいのは当然です。大会へ連れていっても、しばらくはその調子でした。

しかし、数カ月後。

大会に付き添ったお母さんが、こう報告してくれました。

「息子と相手が頭を下げたので、終わったことはわかったのですが、息子は全然はしゃいでいませんでした。だから負けちゃったのかと思っていたんですけど、よく見たら机の下で小さくガッツポーズをしていたんです！　今までは、勝つとあんなに大騒ぎしていたのに、驚きました。きっと、負けた人の前で自分が喜ぶと、相手がかわいそうだと思うようになったんだと思います。子どもの変化を目の当たりにして、本当に、将棋をやらせて良かったって思います」

今までは、勝ったら「やったー！」と言っていた子が、今は、それを我慢している。将棋が強くなると、必ずこの変化が訪れます。もう、一〇〇％です。子どもは、勝ち負けが大好きですから、トランプだって、ボードゲームだって、サッカーだって、自分が勝ったら、喜びを爆発させるのが普通です。

でも、将棋は、そうはなりません。

もしかすると、勝っても「やったー！」と言わない子どもを、子どもらしくないと感じる方もいるかもしれません。

でも、子どもたちは、決して気持ちを押し殺しているわけではありません。小さな胸を喜びで目一杯ふくらませています。表に出そうが出すまいが「勝ち」は変わらずそこにあることを知ったのです。

自分が負ける経験をたくさんすると、負けるのがどんなに悔しいことなのかがわかってきます。そうすると、相手も自分と同じように、負けると悔しいのだと想像できます。他者の気持ちを思いやれるようになるのです。

これを、自分自身で感じ取り、育んでいける将棋というものは、あらためて素晴らしいものだと思います。

真剣勝負から生まれる「本当の優しさ」

全力で戦うことが相手への一番の敬意

将棋は真剣勝負だからこそ、優しい心が育まれます。それも、表面的ではない、真の優しさです。

たとえば、相手の人生を大きく左右する一局があるとします。Aさんはリーグに残留を決めていますが、対するBさんは、この一局を落とすと一つ下のリーグに行ってしまうという一局だったとしたら……。あなたは、どんなことを思いますか。

「Aさんは残留を決めているんだから、少しくらい手を抜いてあげてもいいのでは？」

「敵なんだから手加減する必要はないけれど、もしAさんとBさんが友だち同士なら、難しいな……」

「Aさんが負けてあげれば、Bさんも助かるんだから、それでいいんじゃないかな」

こんなふうに、思ってしまう方も多いのではないでしょうか。

でも、棋士に、こうした発想はありません。相手がどんなに仲が良い人だとしても、手をゆるめることはありません。むしろ、こう考えます。

「この人にとって、それだけ大切な一局なんだから、全力で戦わなくてはいけない」

冷たいと思われるでしょうか。

でも、私はこれこそが本当の優しさだと思います。

将棋はとても厳しい世界です。今、盤をはさんで対峙《たいじ》している相手は、その厳しい世界を這《は》い上がってきた人です。常に本気で戦ってきたからこそ、今も将棋を指しています。

だからこそ、自分も本気で臨まねばならない。魂と魂がぶつかり合う真剣勝負をしなければ、これまで相手が積み重ねてきた努力を軽んじることになります。もしも私が、相手に情けをかけられて勝ちを譲られたとしたら、悔しくてたまりません。そうさせてしまった自分のふがいなさに腹が立つからです。

相手に敬意を払うからこそ、全力で臨む。それが真の優しさだと思います。

子どもたちがみんな優しくなっていく

『将棋の森』の子どもたちを見ていても、みんな、すごく優しいです。

周りはみんな、ライバルといえばライバルなのに、ギスギスした空気がありません。子どもはともするとし「あの子に負けたから、優勝できなかった!」とか、「あの子は強いから嫌い」という発想をしがちですが、勝っても負けてもまったく後腐れなし。お互いが全力で戦って、結果に納得しているからこそ、清々しくて温かい空気が満ちているのだと思います。

将棋は、突き詰めていくと、他者との戦いではなく、自分との戦いになってきます。

そういう経験をしている人は、人に対しても優しくなれるのだと思います。

無言の対話から育まれる「コミュニケーション力」

棋士ほどコミュニケーション力が高い人はいない

「将棋でコミュニケーション力が磨かれます」と言うと、驚かれるかもしれません。

たしかに、棋士は無口な印象がありますし、対局中もまったく会話を交わしません。でも、実はたくさん、頭の中でおしゃべりをしているんです。

「私、こういきますよ」

「むむっ、そうきましたか。じゃあ、こっちにしちゃいますよ」

「なんと。あっちと思わせて、こう攻めてきますか」

こんな感じで、ずっとやりとりをしています。

「棋は対話なり」という言葉があるくらい、実は密なコミュニケーションを取っているのです。

一般的に「コミュニケーション力」というと、誰とでもすぐに打ち解けて、クラスの人気者になれるような能力というイメージがあります。そのため、こんなに寡黙で、どこか孤高な棋士たちと、コミュニケーション力は結びつきにくいと思います。

でも、本来コミュニケーション力というのは、感情や思考を伝達しあう力のことです。たとえそれが非言語であろうと、他者の感情の機微を察知して、応じる力。

こう考えれば、棋士ほどコミュニケーション力が高い人はいないのではないでしょうか。

いつ攻め、いつ守るかの駆け引きが身に付く

コミュニケーション力が高いということは、駆け引きもうまいということです。

棋力が弱いと、がむしゃらに一本道を進もうとして壁にぶちあたります。しかし、棋力が上がるにつれて、駆け引きができるようになります。

ここはスッと抜ける。

ヒュッと攻め入る。

一旦、守る。

機を見て、押し引きをする技術が身に付くのです。

この駆け引きは、サッカーと似ているように思います。

サッカーは、どんなにフォワードがうまくても、たった一人でゴールを決めることはできません。フォワードが攻めてきたら、相手チームはみんな下がってゴールを必死に守ります。だから、一回ボールを下げて態勢を整えたり、ちょっとトリッキーなプレーをして不意をついたり、攻め入るチャンスを作ることが大切です。

サッカーも将棋も、テクニックを教えることはできますが、駆け引きは本人が経験しないとわかりません。うまくいく、うまくいかないという体験を通じて、「あ、今ならこれが使える」という感覚が培われていくのです。

最適な判断を瞬時に下す「決断力」

一つの対局で六〇回も決断する

将棋は常に、決断を迫られるゲームです。

Aという筋と、Bという筋があり、Aに行ったら今度はCの筋が開け、Bへ行ったらDの筋が見えてきます。自分と相手が指す一手によって、どんどん局面が展開していくので、常に最新・最善の決断を下さなくてはいけません。

将棋の一局は平均一二〇手なので、一局指すだけでそれぞれ六〇回決断をすることになります。

一手一手という小さな決断の積み重ねが、勝ち負けという結果として表れることを子どもは心に刻みます。そして、自分で決断した結果を受け入れていきます。

子どもは、みんなで一緒にトイレへ行ったり、誰かがAと言ったらみんなでAと言ったりすることがあります。「周りの流れにとりあえず乗っておこう」という空気があると思うんです。

うちの息子も「誰々ちゃんが言っていたから」と、自分で答えを出さないことがあります。そんなとき私はすかさず「君はどう思ってるの？」と迫ります。

自分で決断をしないということは、人のせいにできるということです。

もちろん、たくさんの意見を聞いて最終的な判断をするのは、良いことだと思います。でも、決断した理由に他者が介在していると、うまくいかなかったときに、言い訳をする材料になってしまいます。

その点、誰からも助言を受けずに、六〇回も決断を繰り返す将棋は、「人のせいにする」余地がありません。これは、とても良いことではないでしょうか。

子どもたちには、結果を含めて、自分の決断に責任を持てる人になってほしいと思っています。

プロ棋士に優柔不断な人はいない

プロ棋士の中には、一見なよっとしている人もいますが、優柔不断な人は一人もいません。

私自身も、あまり迷わないほうです。

さすがに引退を決意することには時間を使いましたが、この『将棋の森』は、思いついて半年あまりでオープンしました。

二〇一六年の一月に、教える拠点を作りたいと思い、二月に物件探し。一軒目で「ここだ！」と即決し、六月にオープン。

元々ポジティブなので「きっとうまくいくだろう」という思いが根底にあります。うまくいかなかったら、それはそれで「じゃあ、今度はどうすればいいだろう」と考えるだけです。だから、世間からは失敗に見えることでも、自分自身はあまり失敗だとは思っていません。

「AとBで、同じくらい迷ったときに決断する決め手は何ですか？」

猪突猛進《ちょとつもうしん》の私を見て、たまにこんな質問をされます。

その答えは、

「楽しいかどうか。ワクワクするほうを選びます！」

もちろん、ワクワクの中には、大変なことや辛いことも含まれます。それでも、やっぱり楽しいほうを取るべきだと私は思います。

実は私は四歳のときに交通事故に遭い、足が少し不自由なのですが、学生時代にミニバスケットもしましたし、水泳も、エレクトーンも、やってみたいと思ったことはすべてしました。だから、あれをやっておけば良かったという後悔は、今のところまったくありません。

私の信条は「迷ったらGO」。

ファミレスで何を食べるか迷ったら、決まる前に店員さんを呼んでしまいます。店員さんが来たら、注文せざるを得ませんから。

人生は、決断の連続です。毎日の小さな決断や、人生の流れを変える決断など、人は常に決断と対峙しています。人生という自分の持ち時間の中で、時間を大切に使って過ごしていきたいと思っています。

失敗を受け入れて最善を探す「切り替える力」

将棋は心のリセットが利かないゲーム

たとえば、テレビゲームの場合。途中で負けるとリセットボタンを押して、また最初からやり直すことができます。つい先ほどゲームオーバーになってしまったことは、過去に押しやられ、もう頭の中にはありません。考えるのは、今のことだけです。

でも、将棋にリセットボタンはありません。心のリセットが利かないのです。

たとえば、一局目は負けました。途中まで良かったのに覆されました。

そして二局目。初手から始まるのでまっさらな状態です。リセットボタンが押されたように思います。でも、そううまくはいきません。

「あぁ、一局目、なんで負けちゃったんだろう」

抑えられない悔しさが、この瞬間にも続いています。全身全霊で戦ったからこそ、過ぎ去った今も体が震えるようなさまざまな思いが押し寄せます。

しかし、だからこそ「今度こそ勝つ」という強い気持ちが生まれるとも言えます。将棋は、気持ちを切り替えるのが難しいゲームですが、その中でいかに「なんで負けたんだろう」から、「今度こそ勝つ」に切り替えられるか。それが、強い弱いを分ける大きな要因となります。

強い棋士ほど切り替えるのがうまい

私は、切り替えるのが下手なほうです。悪い手を指すと「あ、ミスった……！」と焦って、その悪手が次の悪手を呼んだり、対局が終わって数週間経っても「バカだな〜」と思ったり。

でも、棋士は強ければ強いほど、切り替えるのが上手です。

うっかり悪い手を指してしまったとしても、すぐにそれを受け入れて最善手を探すことに集中します。前の対局で負けたとしても、新たな気持ちで対局に臨みます。

「そんなに早く切り替えられるなんてすごい。もしかして、失敗をなかったことにして、きちんと反省していないのでは？」と思う方もいるかもしれません。

たしかに、失敗を見ないようにすれば、その失敗は存在しないことになります。したがって心が乱されることもありません。

でも、彼らはちゃんと己の失敗と向き合い、反省をしています。むしろ、反省と切り替えは、セットだと思います。自分の中で反省し、結論が出たときに、初めて気持ちを切り替えられるのではないでしょうか。一流の棋士は、そのスピードがとても速いのです。

将棋は、切り替えが難しいゲームです。しかし同時に、常にそれを求められることで、自ずと鍛錬を積むことになるのではないでしょうか。

将棋界こぼれ話

棋士は段位を気にしていない

「藤井四段が△△九段を破りました」

二〇一七年、彼が連勝記録を伸ばしていたとき、連日のように戦況が報じられました。

でも、ちょっと不思議に思った方も、いるかもしれません。

「四段と九段だと、九段のほうが強いはずなのに、どうして四段の藤井君が勝てるの？」

たしかに、普通の感覚だとそう思うのが自然です。でも、将棋の世界では、実は段位はあってないようなものであり、四段が九段に勝つのは驚くことではありません。

段位は、棋戦優勝や「通算五〇勝」などのさまざまな規定を満たすことで少しずつ上がっていきます。また、一度上がると下がることはありません。ですから、ある意味、プロとして長くやっていれば自然と段位は上がるのです。
そのため、もう何十年も前に九段になった方がいるいっぽう、フレッシュで上り調子の四段もいます。だから、九段に勝つ四段がいても、なんら不思議はありません。

将棋界こぼれ話

棋士はお金で買える物に興味がない

一般的に、仕事のモチベーションには「お金」がからんできます。でも、棋士の多くはお金にあまり興味がないように思います。トップ棋士と言われるA級棋士たちの生活も、とても地味です。マネージャーさんもいませんし、お付きの人もいません。電車にだって普通に乗っています。高級外車を買ったり、ハワイに別荘を買ったり、急に羽振りが良くなったという話は聞いたことがありません。資産が推定五億とうわさされるような棋士ですら、ヨレヨレのTシャツを着ています（笑）。

なぜ棋士はお金に興味がないのか。それは、お金で物を手に入れるという行為が単純すぎるからです。お金は、渡すだけで欲しい物を手に入れることができます。そこに「どうすればいいか」という思考は介在しません。お金と物を交換するだけの行為なのでおもしろみがまったくないのです。もちろん、欲しい物がある場合は手に入れるだけでうれしいでしょう。でも、棋士の多くは物欲よりも勝負欲のほうが強いのです。どうすれば棋力が上がるか、知恵をしぼることで何を手に入れられるのか、頭を使うほうが好きなのです。

第二章　そもそも将棋とはどんなゲーム？

一番身近で学べる伝統文化

平安時代の貴族も将棋で遊んでいた

将棋が強い人は、チェスも強いと言われています。羽生竜王も、チェスを始めてわずか二年で日本チャンピオンになりました。

それもそのはず、実は、将棋とチェスのルーツは同じなのです。

紀元前二〇〇〇年ごろ、四人制のさいころ将棋である「チャトランガ」がインドで生まれました。そして、それが西洋に伝わってチェスとなり、東洋に伝わって将棋になったと言われています。

日本で将棋が遊ばれるようになったのは、平安時代という説が有力です。出土した駒や古い文献から推察すると、平安時代に貴族たちが将棋で遊んでいたことがわかります。そして江戸時代には、徳川幕府の年中行事の一つとして、「御城《おしろ》将棋」という対局も行われていたそうです。

平安時代の貴族や、江戸時代の将軍たちに親しまれていたもので、こんなに身近に学べるものは他にはないのではないでしょうか。

将棋には、繊細さや緻密さなど、日本人の良いところがたくさん含まれています。だからこそ、二十一世紀まで受け継がれているのだと思います。

一番身近な伝統文化という意味で、将棋はやっぱり、すごいです。古くから愛されてきた伝統文化を、きちんと次の世代に伝えていかなくてはいけないと、身が引き締まる思いです。

「負けました」は日本ならではの美学

将棋は、日本だけではなく、中国や韓国、タイなどにも伝わりました。最初はみんな同じようなスタイルでしたが、徐々にルールが変化していき、日本ならではの将棋が確立されたと言われています。

日本の将棋の最大の特徴は、取った駒をもう一度使えるということです。これは、チェスや、他の国の将棋にはない日本独自のルールです。

チェスや将棋を戦いにたとえると、チェスの場合は、敵を戦場から排除していきます。

それに対して日本の将棋は、敵を味方につけて一緒に戦っていきます。元々、兵隊の数が少ない日本の歴史が、反映されているのかもしれません。

礼儀を重んじるという点でも、日本の将棋は独特です。

「よろしくお願いします」から始まり「負けました」で終わります。「勝ちました」ではなくて「負けました」。これも非常にユニークです。負けた人間が頭を下げて、声に出して負けを認めるというのは、日本人らしい発想かもしれません。

以前、インターナショナルスクールへ将棋を教えに行った際、こんなことがありました。外国人の学生たちに話をする前、通訳さんに「負けた人は、負けましたと言うんです」と説明したところ、困った顔をして「その感覚は、文化として理解できないと思います」と言われたのです。

海外において、自分の敗北を認めるのは最大の屈辱であるため、「負けました」と言うなんて、ありえないとのこと。

では、海外では何と言うのか？　簡単に言うと、「I lose」ではなくて「You win」。自分の負けを認めるのではなく、相手を称《たた》えて終えるのだそうです。

それはそれで理解できますが、「負けました」とわざわざ口にするのは、日本的な美学の表れです。自分のしたことに対して、最後まで自分で責任を取る。潔く、清らかな精神が宿る将棋は、本当に奥深くておもしろいです。

日本の将棋は海外でも人気

日本の将棋を海外に広めようという動きは以前からあり、すでにフランスやオランダ、イタリア、中国、チリなど、世界のいたるところに将棋連盟の支部があります。私も二十年くらい前に、各国の支部を回って話をしたり、ヨーロッパ選手権で指導対局をしたりしました。

当時は、正直言って「まだまだこれから」というレベルの方が多かったのですが、今は、どんどん強い人が出てきています。インターネットが普及したおかげで、レベルが目に見えて上がってきました。海外から奨励会を受ける子もいますし、すでに入会を果たしている中国の子もいます。上海では、中国の将棋ではなく、日本の将棋を授業の専科として取り入れている学校もあるそうです。

最近、日本の将棋人気が高まっている背景の一つに、マンガも影響しているようです。二〇一七年に誕生した、史上初の外国人女流棋士のカロリーナ・ステチェンスカ女流1級は『NARUTO』が将棋を始めたきっかけだったそう。登場人物が将棋を指しているのを見て興味を持ち、インターネットで将棋を覚え、見事、女流棋士になりました。

このように将棋界には、確実に国際化の波が押し寄せています。

最近は、公式戦でもイスに座って行うケースが増えてきましたし、二十年くらいしたら対局風景も様変わりしているかもしれません。

だけれどやっぱり、和室で着物、正座で対局というスタイルは、日本の将棋の文化として残していきたいですね。

これだけは知っておきたい、将棋のルール

相手の王様を取ったら勝ち

将棋のルールは、初めて触れる方からすると、複雑に感じられると思います。駒の動きはそれぞれ異なりますし、相手の陣地に入ると駒が変化して、それまでと違う動きをすることもあります。独特の用語がわかりにくいという声も聞きます。ですが、細かいことは覚えなくて大丈夫！　お父さん、お母さんはルールを知らなくても問題ありません。

とはいえ、「うちの子が夢中になっている将棋って、どんなゲームなんだろう？」とい

う「子どもが好きなものを知りたい気持ち」があると思います。

そこで、将棋の大枠のルールを簡単にご説明します。

将棋は、タテ九×ヨコ九マスの盤の上で、お互い八種類、二〇枚ずつの駒を使って、相手の王様を取るゲームです。八種類の駒「歩兵《ふひょう》」「香車《きょうしゃ》」「桂馬《けいま》」「銀将《ぎんしょう》」「金将《きんしょう》」「角行《かくぎょう》」「飛《ひ》車《しゃ》」「王将《おうしょう》／玉将《ぎょくしょう》」は、それぞれ動ける範囲が異なります。

先に指す人を「先手《せんて》」、後に指す人を「後手《ごて》」と言い、交互に一手ずつ指していきます。タテの列を「筋」と言い、ヨコの列を「段」と言います。通常、タテを算用数字、ヨコを漢数字で表します。たとえば、「2六歩」というと、2の筋・六の段に「歩」があるという意味になります。

覚えておきたい将棋ワード

【指す】

将棋を行うことを、将棋を「指す」と言います。

よく、「将棋を打つ」と言う方がいますが、これは間違いです。将棋をけっこう知っている方ですら間違えることがあるようです。テレビでアナウンサーの方が「将棋を打つ」と言っているのを聞いて、「将棋は『指す』じゃ！」と怒っている方もちらほら。まぁ、知らないいんだから仕方ないなと、私は思うのですが。

それはさておき、なぜ将棋は「指す」と言うのでしょうか。

将棋は、盤の上に駒を並べた状態で戦い始めます。駒を「指し進める」ので、指すと言うのです。

ちなみに囲碁の場合は、何もないところに石を置くため「打つ」になります。すでに置かれているものを指で動かすことを「指す」と言い、何もないところに置くことを「打つ」と言うのですね。

ですから、将棋でも、相手から取った駒を使うときには「打つ」と言います。

【王手】

「優勝に王手をかけた！」と、野球の試合などで耳にしたことがあると思いますが「王手」というのは、将棋用語です。

王手は、あと一手で相手の王様を取れる状態のこと。ただし、相手が正しく逃げたら、まだ勝つことはできません。

【詰む】

「詰む」とは、王様がどこにも逃げられない状態のことを言います。つまり、必ず王様を取れる状態にあります。

「王手」との違いがわかりにくいかもしれないので、もう少し説明します。

「詰む」は「王手」の一種であり、勝利が確定している最上級の形です。「王手」をしても相手が正しく逃げたら「詰み」ではありません。でも、「詰み」はもうどうやっても逃げられない状態のことを指します。なので、自分の詰みが見えた人は、最後まで指さずに投了する(負けを認める)ことが多いです。

余談になりますが、昔は王手のときに、王手と言わずに指すと「お前、ちゃんと王手って言ってないだろう。だから勝ちじゃないぞ」と言われることがありました。

そういうルールがあるわけではないのですが、「王手!(次、取っちゃうぞ)」と言うのは気持ちがいい。だから、わざわざ言う人がけっこういたようです。

本来、王手と言われなくても、自分で気付くべきことなので、「王手！」と言う必要はありません。

でも、子どもたちは「王手」と言いたがるんですよね。「取れるかも」と思うと、つい、言いたくなってしまうようです。だから、声高に宣言している子には「言わなくていいんだよ」「内緒にしておいたほうが、相手の人にばれないからね」と、ささやくようにしています。

【詰め将棋】

「詰み」のパターンを覚えるパズルのようなものです。相手の王様を取るために、どこにどの駒を置けばいいかを答えます。

たとえば、図のような局面の場合。

先手たる自分は「7二」に「龍」の駒があり、持ち駒として「金」があります。駒の動き方は説明していないので詳細は省きますが、さまざまな条件下において、どの駒をどこに指せば詰むことができるかを考えるのが詰め将棋です。一手で詰ますことができるもの

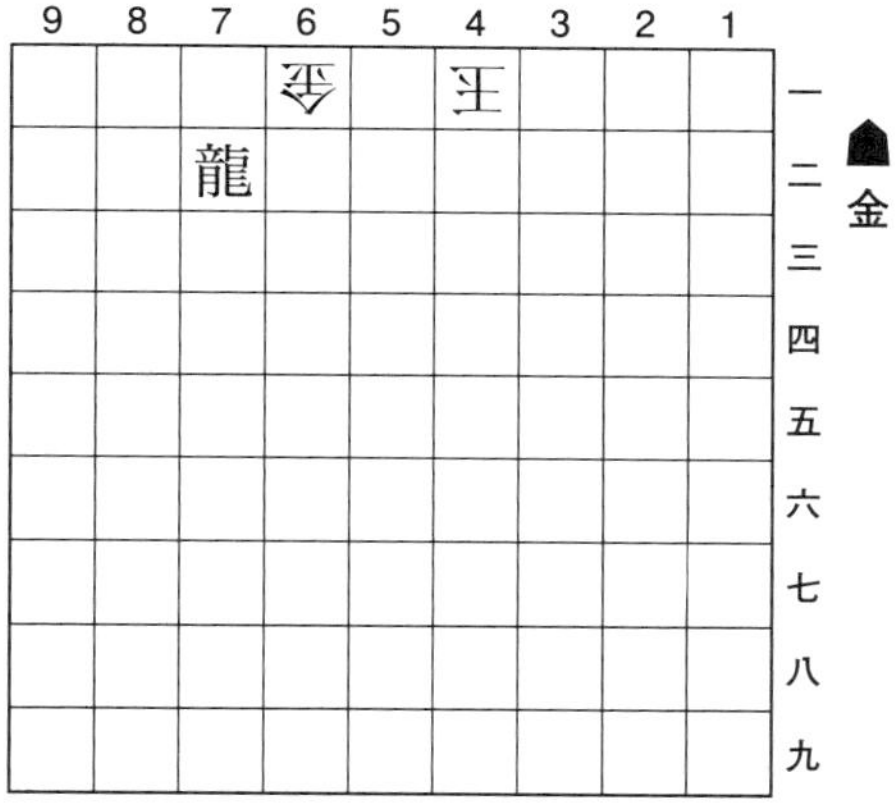

を「一手詰」、三手で詰ませられるものを「三手詰」と言い、長いものだと「一五二五手詰」なんていうものもあります。詰め将棋の解答は一通りでなくてはいけない決まりがあるので、王手、逃げる、王手、逃げるを繰り返して、お互い、最善の手を指し続けた結果、ようやく一五二五手目に詰みになるわけです。ちょっと異様な世界ですよね。ここまでいくと、プロ向けというよりは、マニア向けだと思います。

　チェスにも「プロブレム」と呼ばれる詰め将棋のような問題がありますが、チェスは取った駒を再利用しないので、駒の数が少ないです。ですから、日本の詰め将棋のほうが複雑かもしれません。

　詰め将棋は、詰め将棋作家と呼ばれる方々が作ります。難解なものを作れる方は、さぞ棋力も高いことだろうと思われるかもしれませんが、そうとは限りません。不思議ですよね。
ちなみに、例で示した詰め将棋の答えが気になっている方がいるかもしれないので、答えを記しておきます。これは、４二金の一手で詰みます。

【棋譜】

棋譜というのは、自分と相手の指した手の記録。音楽で言うところの楽譜にあたります。それを見れば、先手はどこにどんな駒を動かし、それを受けて後手が、どこにどんな駒を動かしたかということがすべてわかるようになっています。▲が先手で、△が後手の手を表していて、それぞれが、一手を指すのに要した時間も記載されているため、棋譜を見れば、その対局の流れがすべてわかります。
棋譜には、名場面を象徴する局面の図が添えられていることもあります。局面の図は、棋譜ではありません。あくまでも「ハイライトの図」です。「ここで逆転の一手があったので、皆さんもここの局面からどう動いたか考えてみてくださいね」というふうに、大事な場面が併せて載っています。

第64期王将戦第4局の棋譜

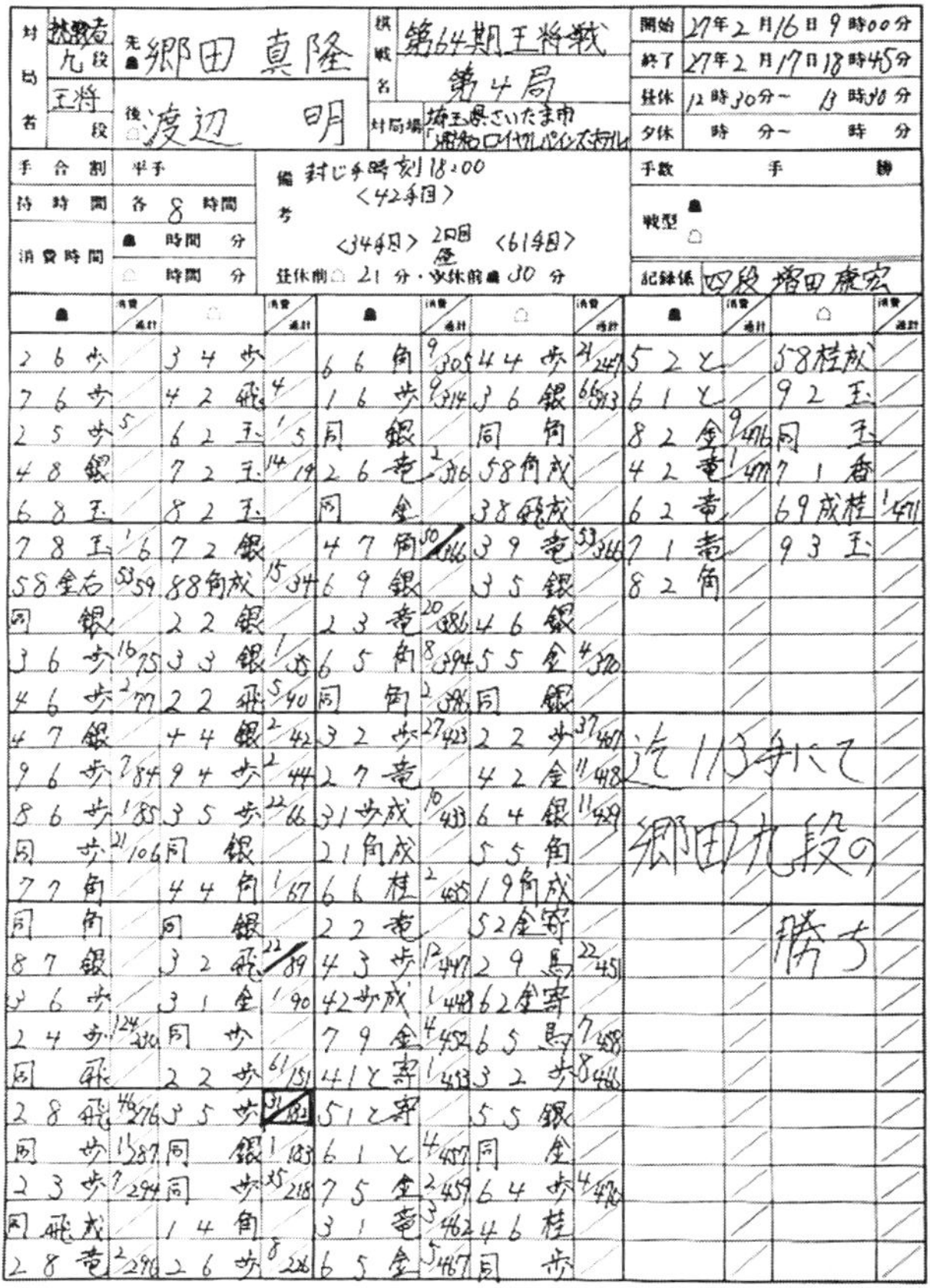

対局者		棋戦名			
挑戦者 九段	先☗ 郷田 真隆	第64期王将戦 第4局		開始	27年 2月 16日 9時 00分
王将 段	後☖ 渡辺 明	対局場	埼玉県さいたま市「浦和ロイヤルパインズホテル」	終了	27年 2月 17日 18時 45分
				昼休	12時 30分〜 13時 10分
				夕休	時 分〜 時 分

手合割	平手	備考	手数	手 勝
持時間	各 8 時間	封じ手時刻 18:00 〈42手目〉	戦型	☗ ☖
消費時間	☗ 時間 分	〈34手目〉 2日目 昼 〈61手目〉		
	☖ 時間 分	昼休前☖ 21 分・夕休前☗ 30 分	記録係	四段 増田康宏

☗	消費/通計	☖	消費/通計	☗	消費/通計	☖	消費/通計	☗	消費/通計	☖	消費/通計
26歩		34歩		66角	9/305	44歩	21/247	52と		58桂成	
76歩		42飛	4	16歩	9/314	36銀	66/313	61と		92玉	
25歩	5	62玉	1/5	同銀		同角		82金	9/406	同玉	
48銀		72玉	14/19	26竜	2/316	58角成		42竜	1/407	71香	
68玉		82玉		同金		38飛成		62竜		69成桂	1/471
78玉	1/6	72銀		47角	50/366	39竜	53/366	71竜		93玉	
58金右	53/59	88角成	15/34	69銀		35銀		82角			
同銀		22銀		23竜	20/386	46銀					
36歩	16/75	33銀	1/35	65角	8/394	55金	4/320				
46歩	2/77	22飛	5/40	同角	2/396	同銀					
47銀		44銀	2/42	32歩	27/423	22歩	37/407	迄113手にて			
96歩	7/84	94歩	2/44	27竜		42金	11/418				
86歩	1/85	35歩	22/66	31歩成	10/433	64銀	11/429	郷田九段の			
同歩	21/106	同銀		21角成		55角					
77角		44角	1/67	66桂	2/435	19角成					
同角		同銀		22竜		52金寄				勝ち	
87銀		32飛	22/89	43歩	12/447	29馬	22/451				
36歩		31金	1/90	42歩成	1/448	62金寄					
24歩	124/230	同歩		79金	4/452	65馬	7/458				
同飛		22歩	61/151	41と寄	1/453	32歩	8/466				
28飛	46/276	35歩	31/182	51と寄		55銀					
同歩	11/287	同銀	1/183	61と	4/457	同金					
23歩	7/294	同歩	35/218	75金	2/459	64歩	4/470				
同飛成		14角		31竜	3/462	46桂					
28竜	2/296	26歩	8/226	65金	5/467	同歩					

出所:日本将棋連盟

【図は71手目☗３二歩まで】

```
  9 8 7 6 5 4 3 2 1
香 桂   飛     飛 桂 香 一
  王 馬       歩   龍   二
  歩 歩 歩 歩   歩 三
歩       歩       四
    角 馬         五
歩 歩 歩       歩 六
  銀   歩 歩       七
  玉   金         八
香 桂   銀   全 桂 香 九
```

後手　金歩二
持駒　角歩二 ▽

☗郷田　金歩二

【棋譜並べ】

棋譜を見て、その通りに指していくことを「棋譜並べ」と言います。先手と後手、二人分の指し手を自分一人で再現します。主に、名勝負と言われるようなプロの対局の棋譜を使って、「勝つ流れ」を体感するために行います。

将棋は選択肢が多いので、序盤は特に混沌としており、どこをどう進めば勝ちにつながるのかが、わかりません。しかし、棋譜並べをすることで、「勝つ流れ」をつかみやすくなるという効果があります。

駒の流れを、私はよく音楽にたとえます。音楽に美しい旋律があるように、将棋にも、美しい駒の流れがあります。プロが知力を尽くして臨んだ一局は、美しい棋譜になります。いっぽう、アマチュアの方の場合は、攻めるべきところで止まってしまってプチッ、プチッと流れが途切れたり、大きなミスをして「キー！」と不協和音を奏でたりしてしまうことがあります。

だから、モーツァルトを聴いて美しい音楽を知るように、棋譜並べをして、美しい駒の流れを体得する必要があるのです。

ただし棋譜並べは、初心者にはなかなかできません。楽譜を見て曲を演奏するようなものですから、初段に近い力がないと難しいでしょう。

【手筋】

いわゆる「うまい手」です。駒を駆使するテクニックであり、将棋が強い人ほど、手筋を使いこなしています。

勝つためには、素直に「本線」を進めばいいというわけではありません。本線を見つけたら、いきなりそこを目指すのではなく、勢いをつけるために伏線を張ったり、相手を惑わしたりする必要があります。良い手筋をたくさん知っていると、戦略に広がりが出るので、勝利を収めやすくなります。

【成金】

駒が敵陣（相手の陣地三段目）に入って裏返り、性質が変化することを「成る」と言い、特に「歩」が成ると「と金」になります。

「歩」は、一手につき前に一マスしか進めない駒です。しかし「成る」と、「金」と同じ働きを持つようになります。「金」は、斜め後方以外の場所に一マス動ける駒なので、前後左右、右斜め前、左斜め前の計六マスに移動可能です。元々、一マスしか進めなかったものが、その六倍も動けるようになります。急にお金持ちになることを「成金」と言いますが、これは将棋用語から来ています。

【序盤・中盤・終盤】

将棋は一局を三つに分けて考えます。

序盤は、ゲームが始まってからおよそ二〇〜三〇手までを指します。駒がまだぶつかり合わず、攻めの態勢や自分の王様を囲って守りの態勢を整える段階を言います。

中盤は、駒がぶつかり始めた段階です。駒を取ったり取られたりしながら、どうやって相手の陣地に侵入していくか、戦略を練ります。

終盤は、相手の王様を追い詰めていく段階です。

人には個性があるので、棋士も、序盤型、中盤型、終盤型と呼ばれる人がいます。

私は終盤型でした。詰め将棋が得意だったので、中盤で蓄えた駒を使って相手を追いこみます。

羽生竜王はオールマイティーですが、終盤に誰もが思いもよらない一手を繰り出してきて、劣勢と思われていた局面を逆転してしまうことがよくありました。「あ～、もうこれで羽生さんの負けかぁ」と、みんなが思ったときに、どどーんと驚きの一手が出てきて「えーっ！　ここで逆転しちゃうの？」ということが何回も起こります。ちなみにこの大逆転劇は「羽生マジック」と呼ばれており、羽生さんが予想外の手を指すと、「出たか、羽生マジック」と、誰もが固唾《かたず》をのんで見守ります。言われ始めたのはもう三十年近く前のこと。今でもなお将棋界の第一人者として君臨し、ついに史上初の「永世七冠」も獲得したその姿はまさに、生けるレジェンドです。

将棋で使うのはこんな道具

子どもが将棋に興味を持ったとき、いつ、どんな道具を買ってあげればいいか、相談を受けることがよくあります。

まず、「いつ」買うのかということ。

お子さんが、将棋に興味を持ったときです。親が、突然プレゼントする形でも良いと思います。ただ、その場合、お子さんが本当に将棋に興味を示すかわかりませんので、当座は、安価なものでもかまいません。

そして、本格的に興味を持ち始めたら一緒に好みのものを探すと良いのではないでしょうか。できれば、お年玉やお小遣いを貯《た》めて、本人に買わせてあげたいですね。そうすれば、道具に愛着がわいて、ずっと大切にすると思います。

盤

まず、欠かせないのは盤。駒を戦わせる舞台です。

蝶番《ちょうつがい》がついていて二つに折れる「折れ盤」や、マグネット式、プロが対局で使う脚付きのものなど、意外と種類がたくさんあります。

マグネット式は、あまりおすすめしません。このタイプは、持ち歩きやすいように小さめに作られているので、本来の規格と異なります。そのため、それに目が慣れてしまうと、盤が大きくなったときに全体を見渡すことができなくなってしまいます。視覚的な刷りこみとして、盤は最初から通常サイズを購入することをおすすめします。材質は、榧《かや》の木が良いと言われています。現代の生活スタイルから、卓上盤を選ぶ方が多いかと思いますが、その場合、あまり厚いものですと目線が高くなりすぎてしまうので、テーブルとの兼ね合いを考え、あまり厚くないもののほうが良いかもしれません。また、布状のものや、ゴム製のものなどもあります。

駒

「将棋の駒は出会いだ」と、よく言われます。材質、書体、作り手さんなどによって、まったく違うものに仕上がるからです。

まずは簡易的な駒から始めて、お教室や道場などで、自分好みの一生ものを探してみると良いのではないでしょうか。

簡易的な駒は、進める方向が矢印で書かれているものや、プラスチック製のものなど、さまざまです。矢印が書いてあるほうがまだ漢字を読めない子どもには良いのではと思われるかもしれませんが、その心配はありません。子どもは漢字でもすぐに覚えてしまいますので、通常のものを最初から与えてもなんら問題はありません。

それでは、「一生ものの駒」とは、どういうものを言うのでしょうか。

素材は、つげの木が良いとされています。木の種類によって、安価なものだと二〇〇〇～三〇〇〇円くらいのものからありますが、できれば三万円程度するものがいいですね。安価なものは軽いので、指したときの音が違います。良い駒が「パシッ」だとすると、安い駒は「ペチッ」。同じつげの木でも、黄色っぽかったり、少し茶色っぽかったり、見た目も異なります。

見た目といえば、書体も大事。好みが大きく分かれます。

たとえば……、

王將（錦旗）……将棋駒界の中で最も親しまれている書体です。

（水無瀬）……どっしりかまえた字体は、徳川家康にも好まれていたそうです。

（金龍）……江戸末期に大流行したと言われています。

書体によって、印象が全然違いますよね。お子さんと一緒に好みの駒を探すのは、楽しいですよ。

駒台・駒箱・駒袋

駒台と駒箱・駒袋も必要です。

駒台は、取った駒を置く台のこと。将棋は、相手から取った駒を使えるので、持ち駒を示すために、台に置く決まりがあります。

サイズはさまざまですが、将棋盤と同じ高さか、少しだけ低いものを使います。ですから、脚付きの盤を使っている場合は駒台も脚付きのもの、卓上盤の場合は、脚がないタイプになります。

駒を使わないときは、駒袋に入れて、駒袋ごと駒箱にしまいます。駒袋は巾着袋のような形状をしていて、紐《ひも》で口をしぼれるようになっています。和を感じさせる柄が一般的です。駒箱は、駒袋がちょうど入るくらいのサイズ。素材には、榧の木、ヒノキ、柿の木などがあります。

将棋界こぼれ話

対局にはトイレ休憩がない！

将棋には、対局に使える時間の限度である「持ち時間」があります。棋戦によって異なりますが、一番長いのは名人戦で九時間に及びます。当然一日では終わらないので、二日間かけて対局します。

持ち時間内であれば、棋士は自分が指す順番であろうと、相手が指すのを待っているときであろうと、自由に時間を使えます。ですから、相手がすごく長考しているときに、気分転換のために席を外すこともよくあります。

将棋会館での対局は、今は不正を防ぐためにルールが厳しくなり、対局中に会館から出ることは禁じられていますが、以前は外出もOKでした。

「席を外して、何をしているのですか？」と、よく聞かれます。

私の場合は、千駄ヶ谷の将棋会館の二階にある自動販売機で飲み物を買って、ひと息つくことが多かったです。二階には、一般の方が利用できる道場があるので、一般の方と顔を合わせることもよくありました。棋士は対局室を出るとスリッパを履いて移動するので、ペタペタペタ……という足音がしたら、棋士かもしれないですよ（笑）。

こんなふうに、わりと自由に持ち時間を使っているのですが、気を付けなくてはいけないことがあります。それは、トイレ休憩はないということです。

トイレ休憩も持ち時間に組みこまれているので、調子に乗って水分を摂りすぎると、終盤で困ることになります。多くの場合、持ち時間を使いきると一分の秒読みの将棋になります。記録係が六十秒を数え終わるまでに、一手を指さなくてはいけません。

だから、持ち時間がなくなったのに、トイレへ行きたくなった場合は……。

棋士は、対局以外に、実はこんな戦いもしているのです。

将棋界こぼれ話

正座をすると集中力が上がる？

アマチュアの対局はイスで行われることも多いのですが、プロの対局は今でも畳で行われます。足を崩してはいけないというルールはありませんが、基本の姿勢は正座です。

外国人女流棋士のカロリーナさんは、「正座が苦手」と言っていましたが、これはもう、慣れです。私も昔は二時間くらい平気で正座をしていましたが、今は十分もすれば足がしびれてしまいます。

でも、集中するときは、やっぱり正座。ＰＣ作業をするときに、イスで正座をしたり、趣味の編み物をするときに、ソファで正座をしたり。

ちなみに「編み物が趣味」と言うと、優雅に編んでいる姿を想像されるかもしれません。でも、私の場合は「今日はここまで編む！」と決めてひたすら編む、競技編み物のようです。すごいスピードで詰め将棋を解いていた子どものころのように、今は、ソファに正座して猛烈な勢いで編み棒を操っています。

第四章　子どもに将棋をどう教えるか

年齢に応じた伸ばし方

幼稚園年中さんで習い始める子も

昔は、将棋を習い始めるのは小学一年生くらいが主流でしたが、最近はどんどん低年齢化が進んでいます。『将棋の森』に通っている最年少は、幼稚園の年中さんです。

次ページの図は、将棋を習う子どもの年齢別割合と、その年齢のときにできることを表したものです。

Aグループの幼稚園年中さんというのは、じっと座って話を聞くのも難しい年齢です。ですから、将棋の前に、「はい、座ろうね」から教え始めます。

この年齢の子には何を聞いても「わからない」が返ってきます。えっ、ここで今説明したよね、ということも「わからない。先生、何やればいいの。わからない」を繰り返します。できることは「ここにマルをしようね」と言って、同じようにマルができるというくらいのレベル。たとえどんなに簡単な問題でも、解けるというのは非常に稀《まれ》です。

将棋を始める年齢の割合

Aグループ（幼稚園年中）
・60分間話を聞くことが困難
・「わからない」の繰り返し
・能動性はなく受動的

Bグループ（年長、小学1年）
・ルールを守ろうと努力
・諦めずに問題に向かう
・向上心
・話を聞く姿勢

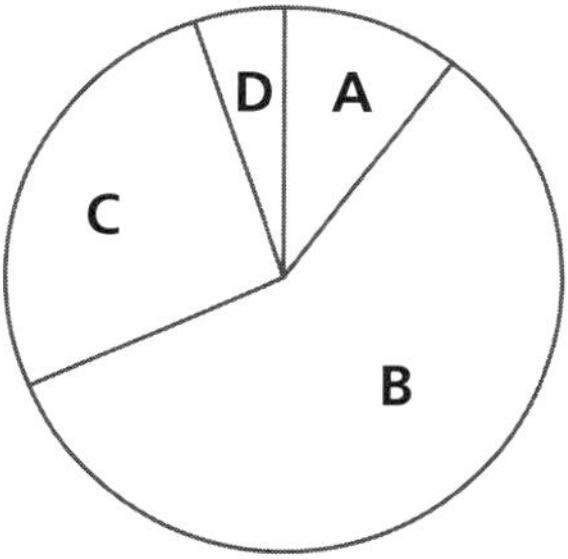

Cグループ（小学2〜4年）
・学習態度が落ち着く
・個人差が大きくなる
・得意なことへの自信
・他者から影響されやすい

Dグループ（小学5〜6年）
・会話はほぼ大人と同じ
・子ども扱いを嫌う
・ロジカルに考える
・人間性を重点的に観察

出所：日本まなび将棋普及協会

Ｂグループは、幼稚園年長さんから小学一年生くらい。将棋を習い始めるのは、この年代が圧倒的に多いです。

幼稚園児といえども、ルールを守ろうという規範意識が出てくるころなので「今は、手をおひざに置いて、まっすぐ背中を伸ばそうね」と言うと、ピシッと座るお子さんもいます。もう少し年齢が高い子よりも、むしろしっかり言うことを聞いてくれるように感じます。また、諦めずに問題に向かっていこうとか、他の子に勝ちたいという気持ちが満ちあふれています。

Cグループになると、学習態度は落ち着いてきますが、かなり個人差が大きくなります。他者の影響を受けやすくなるのも特徴です。

たとえば、お教室の時間に、ワーッと騒いでしまう子が一人いると「あ、自分も騒いでいいのかな」と、そちらに流されてしまう。逆に「今は、ちゃんと将棋を指す時間だよ」と言う子がいると、落ち着きを取り戻せる。良くも悪くも影響されやすい年代です。

最後にDグループ。

会話は、ほとんど大人と同じなので、子ども扱いされることを嫌います。ですから、人間として、大人と同じように扱ってあげるほうがスムーズにコミュニケーションが取れます。

自分の中でロジカルに考えることもできるので、こちらがポロッと言ったことに対して、自分なりに発見をしたり、調べたりすることもできます。

始めるのにベストな年齢は?

将棋を習い始めるお子さんは、幼稚園年長さん～小学一年生が最も多いとお伝えしましたが、将棋を始めるのにベストな年齢も、同じです。

将棋を始めるなら、五歳、六歳くらいがベスト。この年齢は、素直で向上心があるので、非常に力がつきやすいです。

ピアノやヴァイオリンなどは、始めるなら早いほうが良いと言われていますが、将棋の場合、三〜四歳だと絶対的な理解力が足りないので、将棋を指すこと自体がままなりません。また、なんとか指すことができたとしても「負けちゃう。だから楽しくない」となりがちです。そのため、もう少し年齢が上がって理解力や集中力が備わってから「勝つ楽しさ」を体験させてあげるほうが、ぐっと伸びるように思います。

もちろん、三〜四歳でも将棋が強い神童のような子はいます。でもやっぱり、その子に合う年齢というのがあるので、早ければ早いほうが良いとは言えません。

それでは、「合う年齢」はどうやって見極めればいいのでしょうか。

ポイントは、「本人が楽しんでいるかどうか」です。


目がキラキラしているか？

負けて悔しがるなど、心が動いているか？

良くも悪くも、盤を前にしたときに顔つきが変わるか？

試しに、とりあえず体験させてみるのもいいと思います。でも、決して無理強いはせずに「本人が楽しんでいるかどうか」を、大切にしてあげてください。

また、負けて涙を流すからやめさせたほうが良いと思うのは誤りであることが多く、むしろそれは一つの才能である可能性が高いので要注意です。

プロを目指すには「遅すぎる年齢」がある

それでは、将棋を始めるのにベストな年齢である、幼稚園年長さん〜小学一年生を過ぎてしまったら、「もう遅い」のでしょうか。

あくまでも、プロを目指す場合ということでお話しします。

小学五〜六年生になってから始めた場合、プロになるのはかなり厳しいのが現実です。

なぜなら、プロになるには「奨励会」に入らなくてはいけないからです。

奨励会というのは、プロの養成機関で、アマチュア界のトップに近い成績がないとチャレンジすらできません。そして実は、奨励会に入るタイミングとして最も多いのが、小学五〜六年生なのです。つまり、小学五〜六年生は、将棋を始めるタイミングではなく、プロへの道を歩み始める時期だということ。ちなみに藤井六段は、小学四年生のときに奨励会に入っています。

基本的に将棋界というのは、どんどん淘汰《とうた》されていく仕組みになっています。ヒエラルキーの一番下の層に、趣味レベルで楽しんでいる人がたくさんいて、上の層に行くにしたがい、棋力の弱い人がふるい落とされていきます。ですから、遅れて始めた人が、そのふるいに負けず、パッと入りこめるような世界では決してないのです。

とはいえ、今私が申し上げたのは、あくまでもプロを目指す場合の話です。

サッカーを習う子どもが、全員サッカー選手を目指すわけではないように、将棋を習う子どもが、全員プロを目指すわけでもありません。

将棋を学ぶことで、身に付く力はたくさんありますし、何より将棋はとても楽しいものです。ですから、何歳の方に対しても、私は自信を持って将棋をおすすめします。

性格に応じた伸ばし方

盤には性格が表れる

盤には性格が表れます。

内向的な子は、自分の王様を守ることに必死になりますし、反対に、自分の王様はそっちのけで攻撃ばかりしてくる子もいます。一局指すと、その子の性格がわかるので、それに合わせてアドバイスの仕方を変えています。

指導するにあたって、私はまず、子どもの性格を四つに分けて考えます。

一つは「積極型」。

クラスに一人はいる、元気いっぱいのタイプです（うちの息子も、これに該当します）。良い意味では天真爛漫《てんしんらんまん》。

こういう子は、たいてい声が大きくて、学習意欲が高く、頭の回転も速いです。「自分がやりたい！」「自分を見てほしい！」という気持ちが強いので、指導する側がかなりコントロールをしないと、教室の和が乱れてしまうケースが多いです。

次は「おっとり型」。

やる気はあるけれども、それをあまり表に出しません。だけれど、きちんと理解をしていて、一つ教えたら、必ず一つ吸収します。「積極型」の場合は、一教えると三ぐらい吸収するので、最初のうちは積極型のほうが成長しやすいです。しかし、確実に理解するという面では、おっとり型のほうが長けているように思います。段階を踏んで、着実にステップアップしていきます。

そして「内なる闘志型」。

特徴としては、「負けました」がなかなか言えません。悔しさが体中にあふれてしまっている感じです。感情の矛先が他者ではなく、自分に向きます。自分自身に対して非常に厳しいため、強くなれないもどかしさが、胸にうずまいています。

最後は「無気力型」。

これは、さらに三つに分類されます。

①理解力不足でわからない
②やる気がゼロ
③楽しさを見いだせない

「理解力不足でわからない」のは、低年齢のお子さんに多いです。将棋ができないわけではなくて、そもそも言われている内容を理解できない。絶対的な理解力不足が原因なので、この時点では、今後どう転ぶかはまだわかりません。

「やる気ゼロ」でよくあるのは、将棋好きのお父さんに連れられてきてポカーンとしてしまうケースです。でも、その子にとって、その時点で将棋はゼロベースなわけです。だから、大きく化ける可能性は秘めています。

「楽しさが見いだせない」のは、残念ながらその子には、将棋は合っていないと言わざるを得ません。

「積極型」「おっとり型」「内なる闘志型」「無気力型」

性格の違いによって、成長の仕方や伸び方が異なります。

子どもの成長グラフ

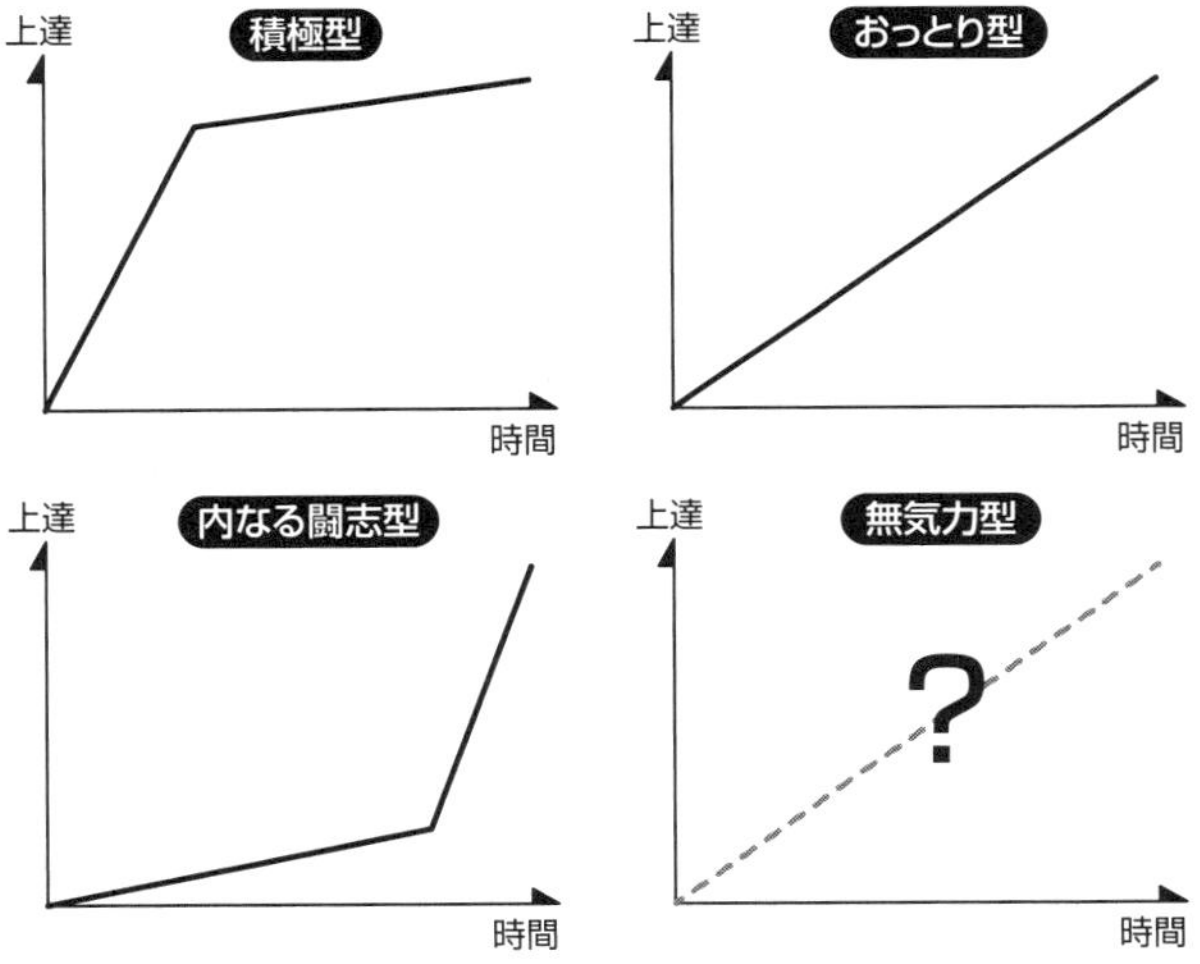

「積極型」の場合。
　このタイプは、最初にポーンと伸びます。同時期に始めた子にも勝てるから、楽しくて仕方がありません。ところが、ある程度まで伸びると、成長の度合いが急になだらかになります。それまではずっと「楽しい！」が続いていたのに、「あれ？　なんか思うように勝てなくなってきたぞ」というときが来ます。そのときにどうやってモチベーションを持続させるか、それが大事です。
　元々、学習意欲が高いので、こちらから積極的に「これをやってごらん」

「こんなふうにやってみたらどう？」と働きかけていくと、どんどん吸収して伸びていきます。

ただ、このタイプはお調子者の面もあるので調子がいいとすぐに天狗《てんぐ》になってしまうのが難点。私はそういうときはニコニコしながら、伸びた鼻をボキッと折ってあげることにしています。

「おっとり型」の場合。

先ほど申し上げたように、一つ教えたら一つ身に付くタイプなので、着実に成長していきます。

ただ、臆病なところがあるので、指導者がうまくいくように仕向けて成功体験をさせてあげることが大事です。

たとえば、同じ局面を何度もこちら側が作り出し「ほら、こうやるとうまくいくね！」「あ、またうまくいったね！」と、気持ちを乗せていきます。そうすると「これでいいんだ！」と自信がついて、才能が花開いていきます。

「内なる闘志型」は、成長するのに時間がかかります。

このタイプの子は、自分の中でどんどん点をためていきます。点をためていくのですが、なかなか線にならないから、もどかしくてもがいてしまうことが多いです。

でも、それまでずっと、点点点点点だったものが、急に線としてつながった瞬間、ものすごい力を発揮します。そうすると、本当に強い。どんどん、違う点ともつながっていき「あれは、こういうことか！」「そうだったのか！」と、自分の中でさまざまなことが結びついて覚醒します。そして、ぐーんと伸びます。

この、点が線に変換されるまで、周りも忍耐強く待つことが一番のカギかもしれません。

「無気力型」は、残念ながらどうなるかわかりません。

もしかしたら、どこかで変わるかもしれないし、そのまま終わってしまうかもしれません。

指導するうえで一番大切なのは、その子の性格に合わせるということです。子どものキャラクターを踏まえて、「楽しい」と思えるように導いてあげれば、あとは勝手に伸びていきます。そこまで、どうサポートしていくか。それが、指導者に最も求められる要素だと思います。

自分と向き合うことで性格も変わる

将棋が強くなるにつれて、盤にはその子の性格が、より表れるようになります。元々の個性が磨かれていく子もいるし、性格が少し変わっていく子もいます。

ある小学三年生の男の子は、元々は、失敗するくらいならやらないほうがいいというタイプ。失敗をとにかく恐れていて、将棋で負けたところを、家族に見られるのを泣いて嫌がっていました。

「でも、将棋を習い始めてから、たくさん負けても、逃げずに続けられるようになったんですよ」。お母さんは、そう言います。

将棋は、盤をはさんで、相手とはもちろん、自分とも向き合う競技です。自分の弱さを見つめることになります。強みに気付くこともあります。だから、強くなる方法を突き詰めていくと、それに応じて、性格も変化していくのかもしれません。

教える側としては、性格が如実に表れるので、すごくおもしろいです。しかし、その分、人を見抜く力が求められますし、子どもたちからも「この大人は信用していいのかな」と、常に値踏みされていると肝に銘じています。

お父さん、お母さんのNG集

絶対に言ってはいけない言葉とは？

まず大前提として、将棋は負けると、本当に悔しいです。引き分けはほぼなく、白黒はっきりつくので、五〇％は負けます。だから負ける回数も多いし、その都度、辛くなります。

そんなふうに、本人が打ちひしがれているときに、絶対に言ってはいけない言葉があります。

「また負けたの」
「せっかく連れてきたのに……」
「泣いてばかりいて」

「どうして強くならないんだろうね」

負けることは、決して悪いことではありません。経験を積むことで強くなっていくからです。

でも、お父さん、お母さんから例に挙げたような言葉を言われると、余計辛くなってしまいます。「ぼくが負けたせいで、お父さん、お母さんをがっかりさせちゃった」と、また別の悲しさを背負うことになるのです。子どもは、お父さん、お母さんのことが大好きですからね。

それでは、子どもが負けてしまったとき、親はどうすればいいのでしょうか。

それはもう、放っておくのが一番。どんなに小さな子でも、自分でちゃんと消化できます。「悔しい」と思ったり「次は負けないぞ」と思ったり、いろいろな気持ちを自分の中でふくらませて、エネルギーに換えられます。

私の母親は、かなり放任でした。

小学生のとき、あと一回勝てば昇級という対局で負けました。一人で帰りの電車に揺られながら、涙がこぼれないようにずっと上を向いていました。家に着くなり、トイレに駆けこんで「わーん！」。

もちろん、母も、察するところはあったと思います。でも、「負けちゃったの？」「昇級できなくて残念だったね」というような慰めの言葉は一切ありませんでした。ただ普通に「あっ、ご飯できたわよ」。そんな感じです。

負けた悔しさは本人にしかわかりません。だから、その気持ちを処理できるのは本人しかいません。子どもにとって、親の言動というのは、とても響きます。親が唯一できる最善のことが、放っておくことなのです。

負けて泣く子どもは強くなる

「泣いてばかりいて」という言葉は、NGワードだとお話ししました。

そもそも、この言葉を発してしまう親御さんは「泣くのは良くない」と思っているのだと思います。でも、泣くことは、決して悪いことではありません。

プロ棋士の中で、泣いたことがない人はいないと思います。なぜなら、負けると悔しくてたまらないからです。

将棋を始めたばかりのころは「相手が強いから負けた」「今日は調子が悪かった」など、

自分でもついつい言い訳を作り出してしまいます。そして、そう思っているうちは、そこまで悔しくはならないはずです。

しかし、どんどん突き詰めていくと、負けたのは、相手が強いからではなく「自分が弱いからだ」ということに気付きます。他人との戦いではなく、己との戦いになってくるのです。だからこそ、負けた自分、弱い自分を許せなくて悔しさがあふれる。そして、涙がこぼれてしまうのです。

負けて泣いているお子さんは、強くなる可能性が非常に高いです。将棋に真摯に向き合っている証拠です。だから、どうか優しく見守ってあげてください。

放っておく、どーんとかまえる

「次は絶対に勝てる！」などと無用な期待をさせるのはやめましょう。将棋は、次勝てる保証など、どこにもありません。それは、藤井六段や羽生竜王だって、同じです。

「負けてばかりで落ちこんでいるから、なんとか励ましてあげたい」。その気持ちはわかります。

しかし、言葉は、タイミングと、かけるべき言葉がマッチすれば、とても良い影響を与えますが、どちらかが微妙にずれただけで「ぼくのことなんか、どうせわからないんだ」となりかねない諸刃《もろは》の剣です。

そうなってしまうくらいなら、何度も言いますが、放っておくほうがいい。

「あなたは、ママにはわからない将棋というものをやっているんだから、ママの知ったことではありません。どうぞご自由にやってください」くらいのスタンスで、どーんとかまえていてください。

お父さん、お母さんのすべきこと

親は将棋を指せなくてOK

将棋教室を見学された方から、よくこんな質問をされます。

「子どもは将棋を少し指せるんですけど、私は全然わかりません。やっぱり親も将棋を指せないとダメですよね？」

私の答えは「NO」です。

だって、たとえば将棋ではなくて水泳だとしたら、ご両親も一緒に水泳をやりますか。もちろん、ご両親も将棋に興味があって、学んでみたいというなら話は別です。でも、子どもに対するお付き合いで学ぶ必要はまったくないと思います。

言い方は悪いですが、下手にかじると、つい口を出したくなってしまいます。そうすると、お子さんの手筋に、おかしなクセがついてしまう恐れもありますし、親子だと感情が入ってしまうので、適切に指導するのは難しいように思います。

お父さん、お母さんは、たとえ将棋のルールは知らなくても、お子さんの性格はよくわかっていると思います。お子さんの気持ちに寄り添ってあげれば、それで充分だと思います。

子どもの生活にどう将棋を組みこめば良い？

お父さん、お母さんが将棋を学ぶ必要はありませんが、お子さんが将棋を学べる環境を整えてあげることは、ご両親の大切な役割です。

今の子どもたちは、塾や他の習いごとで忙しいので、いかに、子どもの生活に将棋を組みこんで、継続しやすい仕組みを作るか、それが大事だと思います。

私が子どものころの場合は、毎晩八時から九時までが将棋タイムと決まっていました。八時になるとテレビが強制的に消されます。母がタタタタタと走ってきて、パチッとスイッチを切る。

小学生の子どもにとって、夜の八時はテレビのゴールデンタイムです。しかも、ビデオテープの時代、今のように時間を気にせず何でも録画しておくわけにはいかず、一度見逃してしまったら、まずその番組を見ることはできません。「今日だけ九時から十時に変更してくれない？」とか「明日二時間やるから、今日はなしにさせて！」というような代替案は認められませんでした。「毎日、八時から九時は将棋の時間」。この約束が、否応なしに実行されました。

子どもですから、好きにやらせていると、目の前の誘惑に負けてしまうこともあります。だから、親がある程度導いてあげることは必要だと思います。

子どもが将棋に夢中になると、学校の勉強の妨げになるのではと心配する親御さんもいらっしゃいます。ですが、将棋は充分、学業と両立できる世界です。

私は高校へ進学しましたが、私よりも前の時代は「勉強なんかしないで、若い時期こそ将棋に心血を注ぐべきだ」と言われたものです。でも、今の棋士たちは、普通に学校生活を送っていますし、大学まで進むことも珍しくはありません。ご両親からすると、高校や大学へ進学せずに、将棋の道に賭けるというのは不安だと思います。実際、近年は「勉強も将棋も、両方頑張るなら、将棋を続けてもいいよ」と言われて、奨励会に入る子どもたちが増えています。

お父さん、お母さんには、将棋と学校の勉強、その他の遊びや友だち付き合いなどのバランスが取れるよう環境を整えて、好きな将棋を続けさせてほしいと思います。

勝ったときには褒めてあげる

子どもが負けたときは放っておくのが一番ですが、勝ったときは、ぜひ褒めてあげてください。どう褒められると伸びるかというのは、お子さんの性格によるので一概には言えませんが、オーバーにでも、さらっとでも、どちらでもかまいません。

私の母はかなりドライで、さらっと褒めるタイプでした。

小学生のころ、毎週土曜日と日曜日に道場へ通っていたのですが、対戦カードを持って帰るのが、とても楽しみでした。

道場では、対局をすると、「Aさんとの対局は勝ちで○」「Bさんとの対局は負けで×」というように、対戦カードに勝敗が記されます。それを毎回もらって帰って、母に見せるのです。すると「○○○○○」と、白星だらけの対戦カードを見て、母はひと言、「あら、良かったじゃない」と。

たったそれだけですが、私はとてもうれしく感じました。自分が勝つと、お母さんが喜んでくれるんだと思うと、「次も絶対にいい戦績のカードを持って帰ろう」と燃えてくるんです。母も、そんな私の性格を見抜いていたから、そういう態度を取っていたのかもしれません。

子どもにとって親の言葉は、とても響くものです。母と将棋について会話をするのは、そういうちょっとした瞬間だけでしたが、心が通っている実感がありました。

伸びるタイミングが来るのをじっと待つ

こんな相談をしてきたお父さんがいます。

「うちの子は、駒をたたくようにパチンパチンと置くんです。行儀が悪いですよね？　テレビで見ていると、棋士はあんなに軽やかに指しているのに、うちの子はなんでこんなに違うんでしょうか？」

私はこう答えました。

「大丈夫です。半年後には変わりますから」

考えることができるようになって、級が上がれば上がるほど駒を静かに指すようになります。だから「注意しなくていいですよ。待ちましょう」とお父さんに言いました。

待つのは、とても難しいことです。

子どもよりも親のほうが、実は待つのが苦手かもしれません。どうしても結果を求めてしまうからです。

「あの子と同じころに始めたのに、うちの子は全然級が上がらない」

「なかなか強くならないし、将棋に向いていないんじゃないかしら」

そんなふうに親が焦ってしまって、早々に将棋教室をやめさせられてしまうお子さんもいます。しかしその判断は本当に正しいのでしょうか。

本人が努力している間はもちろん、一見、興味を失っているような場合ですら、待つほうが良いこともあります。

周りから見ると楽しそうじゃないのに、意外と本人は楽しんでいることがあります。散漫に過ごしていた時期を経て、何かの瞬間「ああ、楽しい！」となり、またすごく集中して取り組むようになることもあります。

私自身も「待てない」と思うことはたくさんあります。

もうこの子は伸びないかなー、この子はこのくらいが限界かなー。そんなふうに見ていた子が、あるとき、ぐっと伸びることがあります。それを目の当たりにすると「そうか、私の待っている時間が足りなかったんだ」と、ものすごく反省します。

パッと花開く瞬間は、一人ひとり違います。ですから、他の子と比べることは無意味ですし、成長を急かす必要もありません。ただ、そのときが来るまでじっと待つ。それしかありません。でももし万が一、花開かなかったとしても、それは決して無駄な時間ではない、と私は思っています。

将棋が強くなる自宅学習法

基本は詰め将棋

将棋が強くなるために、おうちでできることはたくさんあります。その子のレベルによって与えるべきものは変わりますが、基本は「詰め将棋」です。

詰め将棋の良いところは、頭の中で駒を動かせるようになることです。

詰め将棋は、いわゆる問題集ですから、実際に盤の上で駒を動かすわけではありません。

たとえば「三手詰」を解く場合、
一、自分はまず、こう指します
二、すると相手の王様はこう逃げます
三、そこで、こう指しました。すると相手の王様はどこにも逃げられなくなりました
……というふうに、頭の中で駒が動きます。

この練習をすることによって、詰みのパターンをたくさん吸収できるだけではなく、自然と先を読めるようになってきます。

詰め将棋をするうえで大切なのは、答えを書きこまないことです。

勉強で使う問題集やドリルは、鉛筆で答えを書いて答え合わせをしますよね。でも、詰め将棋はすべてを頭の中で行います。何度も何度も繰り返し解くために、問題集は白紙のままにしておくのです。

進め方としては、問題集を最初から最後まで一気に解くのではなく、短く区切るのがお

すすめです。たとえば一〇問解くと決める。そして、ストップウォッチを片手に「よーい、ドン！」でタイムを計る。そして翌日、まったく同じ一〇問を、また「よーい、ドン！」で計る。

当然、速くなりますよね。答えを覚えていますから。

「それだと、自分で考えていないからダメでしょう？」

そう思われるかもしれませんが、実はこれでいいんです。

まずは、頭の中に「詰み」のパターンを蓄積させること。それが何より大事です。詰みのパターンが頭にあれば、なぜそうなるのかという理解は、後からちゃんとついてきます。

まずは、詰むパターンをたたきこむ。そうすることで、自然と勝つ流れが見えてくるようになります。逆に言うと、宇宙よりも広大な世界を相手にする将棋において、詰むパターンを知らずに、手ぶらで勝負を挑むのは無謀な行為です。暗闇を手探りで進むようなものなので、決してゴールにはたどり着けません。

やればやるだけタイムが縮みますから、子どもはうれしくなります。そうすると、子どもはもっとやろうという気持ちになるのです。

答えを見てもかまわない

詰め将棋は訓練なので、解けば解くほど速くなります。でも、だんだん難しい問題になってくると、答えがわからないものも出てきます。

『将棋の森』で子どもたちに詰め将棋をさせていると、たまにこんな光景を目にします。

「う～ん……」

それまで、意気揚々と答えていたのに、難問を前にして固まってしまう子。

どうするのかなーと思って様子をうかがっていると、

「(キョロキョロ)……(ペラッ)……先生、答えわかった！」

こっそり答えを見て、私のところに来ます。

でも、私は「答えを見たでしょ！」とは言いません。なぜなら、それでいいと思うからです。

考えたけれど、わからない。だったら、答えを見て、それを覚えればいいのです。私自身も、小学生のころに同じようなことがありました。

私は詰め将棋が得意だったので、一時間で二〇〇問くらい解いていたのですが、当時の紙って、今よりも少し薄いんですよね。だから、次のページに載っている答えが透けて見えるんです。ですから、難しい問題だと、ついつい答えに目が行ってしまうことがありました。

「解くのが速すぎる！」といぶかしんだ父は、答えの部分をマジックで黒く塗りつぶして、答えを見えないようにしました。すると、なぜか私は意固地になって、それでも頑張って透かそうと対抗していたのですが、ある日、ふと気付きました。

「こんなことしてるより、自分で解いたほうが早いじゃん」

こうして、答えを無理やり見ようとするのではなく、問題のほうを見て、普通に解くようになりました。

こんな経験が私にもあるので、子どもが答えをチラッと見ても、見て見ぬふりも大切かなと思っています。

習い始めのときにおすすめの本

本屋さんへ行くと、将棋の本がズラリと並んでいます。「子ども向け」をうたった詰め将棋の本もたくさんあります。

「子どもが将棋をするんだから、子ども向けの本がいいのかな？」と思われるかもしれません。しかし、はっきり言って中身は、大人も子どもも同じです。将棋の場合、やることは同じですからね。

私のおすすめは、『3手詰ハンドブック』(浦野真彦著・浅川書房刊)

『1手詰ハンドブック』(同著・毎日コミュニケーションズ刊)、『5手詰ハンドブック』(同著・浅川書房刊)などもあるシリーズで、将棋界のバイブルのような本です。どれも二〇〇〜三〇〇問くらい問題が載っていて、次のページに答えがあります(ちなみに私も『こども向け将棋教室 やさしい詰みの形』(マイナビ刊)という本を出版しておりますので、どうぞそちらもご贔屓《ひいき》に)。

「この本に書かれていない詰めがあったら、それは諦めるしかない」と言われるほど詰みの形を網羅しており、どこの将棋教室でも当たり前のように子どもたちに使わせていると思います。『将棋の森』でも、みんなで使っているので、もうボロボロです。

詰め将棋の本のほか、戦法について書かれた本もたくさんあります。たとえば、「棒銀戦法」とか「矢倉戦法」とかですね。「戦法の本も与えたほうがいいですか?」と、質問されることもありますが、最初のうちは、まったく必要ありません。

戦法の本は、とても難解です。「この場合はこうだけれど、相手がこう指してきたら、こうするほうが良い」という感じで、正解の手に対する枝分かれが非常に多いのです。だから、経験を積んでいないと真に理解することができません。努力しているのに理解できないというのは、挫折するきっかけになるので、基本的には、戦法の本は必要ないと思います。もし与えるとしたら、初段を目指すくらいのレベルになってからで充分です。

だからそれよりはまず、実戦のほうが大事。どんなに本で戦法を学んでも、自分自身が強くないと戦法を生かせません。

入門～15級レベルの学習法

アマチュアのレベルは、大体三つに振り分けられます。まず、入門から15級レベル。15級というのは、それぞれの駒の動きを理解して、ルール通りに指せるレベル。難しい手筋や戦法などはわからないけれど、相手の王様を詰みに追いこもうとできるレベルです。

このレベルで大切なのは、一手詰の練習を積むこと。「こういう場合、次はこう」という正解のパターンを、ひたすら学びます。

あとは『ハム将棋』。これはパソコンの無料ゲームで、ハムスターのキャラクターが将棋を指してくれるものです。対戦相手はハムスターなので、お父さん、お母さんは将棋を指せなくてもまったく問題ありません。子どもはパソコンを触るのが好きですよね。ですから「詰め将棋を一〇問解いたら、ハムちゃんと対戦させてあげる」と言うと、喜んで詰め将棋をやりますし、ハムスターとの対戦で実戦経験も積めます。

画面は昭和な感じですが、初心者が勝つのはなかなか大変。対戦中にこちらが考えこんで、しばらく指さずにいると、ハムちゃんが寝てしまうこともあります。ハンデをつけて対戦することも可能なので、子どもはとても楽しみながら取り組むことができます。

この時期は、とにかく実戦経験を積むことです。負けても何でもいいからとにかく指す。一〇回戦って、一〇回負けてOK。「これは使える」「こうすると逃げられる」「飛車を取られて悔しい」など、実際に経験して感じることを蓄えていきましょう。

14級〜8級レベルの学習法

攻めが上手になってくると、このレベルになります。基本の練習は、三手詰です。

もちろん対人での対局が本当は良いのですが、なかなか対戦相手がいないという方におすすめなのは、ひよこの将棋の『ぴよ将棋』。

スマートフォンに入れられる無料のアプリで、非常に優秀です。レベルが三〇ぐらいあり、一番強いレベルだと、私がやっても、けっこうやるなという強さがあります。まずはレベル一で戦ってみて、勝ったらレベル二にする……というふうにステップアップしていくと、目標になるので良いと思います。

『ぴよ将棋』の特に優れている点は、ゲームが終わった後に、指し手を解析してくれるところです。自分と相手の手の良し悪しが、グラフで表示されるため「この一手は失敗だった」「ここで形成が逆転した」など、対局内容を省みることができます。第二の先生という感じで、活用していただければと思います。

また、そろそろ「手筋」を学ぶための本を手に取ってみるのも良いでしょう。

7級〜3級レベルの学習法

これは、初段を目指すレベルです。

このくらいになると、先を読む力を強化する必要があります。自分が指して、相手が逃げて、また自分が指して、相手が逃げ、そして自分が指す。五手くらい先まで読めるようになりたいので、前述の『5手詰ハンドブック』がおすすめです。

あとは、「棋譜並べ」です。

棋譜並べをすることで、王様を追い詰めていく「流れ」を感覚的に学ぶことができます。「流れ」を体感するのは、とても大切なことです。なぜなら、序盤・中盤は、あまりにも選択肢が多いため混沌としていて、何が正解なのか、わかりにくいからです。

しかしながら、それでもやはり本筋というものがあります。本筋とはつまり、流れのこと。流れを体感することで「この手は、なんとなくおかしい」ということが、自然とわかるようになってきます。

一局の平均は一二〇手くらいあるので、それをすべて正確に並べられるようになるためには、かなり力が必要です。7級だとまだできません。3級で、かろうじてできるレベルです。棋譜には解説がついているので、解説を読みながら一手ずつ並べていくと、一時間以上かかります。慣れてきたら、いちいち解説を読むのではなく、ポンポンポンと並べながら、手と目で流れをつかむ練習をすると良いと思います。

棋譜は、好きな棋士のものがいいですね。憧れの棋士になった気分で指すと、子どものモチベーションが上がります。

あと、『将棋ウォーズ』というネットで対戦できるゲームもおすすめです。対戦相手が人間なので、人間らしい指し手の駆け引きが出てきて楽しめます。

子どもがコンピューターで学ぶのは良くない？

私が将棋のゲームやアプリをおすすめすると「コンピューターで将棋の勉強をするのは良くないのでは？」と言われることがあります。

たしかに、昔はコンピューターに頼るなんて邪道だという考え方がありました。

しかし現代は、プロの棋士も、当たり前のようにコンピューターを使う時代です。プロでさえ、自分で指した将棋をコンピューターの解析にかけます。プロがコンピューターにこの手は良かったかと聞くのです。

私の考えとしては、子どもたちがコンピューターで将棋を学ぶのは、悪だとは思っていません。ただし、頼りすぎるのは良くありません。

「プロがコンピューターを使っているなら、プロと同じ学習法をさせてあげたい」と思われるかもしれません。しかし、プロがコンピューターを使うことと、強くなりたい子どもたちがコンピューターを使うことは、同列に語れません。

プロは、長年にわたって経験を積んでいるので、すでに自分の中に答えがあります。コンピューターの解析にかけるのは、あくまでも「振り返り」や「自分の発想にはない指し手の参考」として活用するためです。

いっぽう、経験が浅い子どもたちの場合は、まだ自分の中に明確な答えがありません。そのため、コンピューターが示す手を一〇〇％の「答え」として受け止めてしまいます。

ここが、コンピューターの難しいところです。

たしかに、コンピューターが示す手は正解なんです。でも、それは結果論に過ぎません。たとえコンピューターに「この手はベストではない」と言われたとしても、その場の勢いとしては「この手を選ぶべきだ」という局面が存在します。将棋は、人間対人間の呼吸によるところが大きいのです。

だから、経験の乏しい子どもたちが、全部コンピューター任せになってしまうことには懸念があります。コンピューターを使う場合は、あくまでも学習の補助として活用するのがベストではないかと思います。英語を学びたい人が、英会話学習をしながら、補助として電子辞書を使うようなイメージです。

盤を前に人間と指すのがやっぱり一番

「詰め将棋」や「棋譜並べ」、将棋のゲームなどをおすすめしてきましたが、一番大切なことは、盤を前にして、人対人で戦うことです。

目の前に人がいると、顔色をうかがうことができますし、逆にうかがわれることもあります。たとえば、指した瞬間、失敗したと思っても、「気付くな気付くな」と願いながら「すごくいい手でしょ」という顔をしたり。

また、同じ一手でも、バシーンと相手が前のめりになっている一手なのか、逆に少し引き気味の一手なのかを感じ取ることもできます。

こういう、肌でわかる空気感は、人対人でしか味わうことができません。やはり、人間が行うものは、どこまでいっても心理的なものが影響します。将棋は、心理的な強さが加味されていくゲームなので、盤上の駆け引きを学ぶためには、人間と指すことが大切だと思います。

対戦する相手は、自分より少し強い人がベストです。相手が強すぎると、負けが続いておもしろくありませんし、逆に相手が弱いと、勝つことはできても強くはなれません。だから、自分より少し強い人。繰り返し戦うことで、知らず知らずのうちに能力が引き上げられていきます。

やる気スイッチが入るちょっとした工夫

小さなニンジンぶら下げ作戦

「楽しい」と思えば勝手に伸びる。私はそう思っています。子どもは楽しいことに対する執着が非常に強いからです。

では、子どもにとって「楽しい」とは何か？　その一つはゲーム感覚を取り入れることです。

先にお話ししたように、私が小学生のとき、毎晩八時〜九時は将棋タイムで、そのとき主に取り組んでいたのは「詰め将棋」でした。

母は関与しないので、サポートしてくれるのは父。「よーい、ドン！」の掛け声とともに問題を解き始めて「できた！」と同時に父がストップウォッチを押し、タイムを発表します。これを毎日毎日繰り返していました。

すると、昨日は三分かかったのに、今日は二分でできた。明日は一分を目指そうというふうに、自分自身と戦うようになります。自分が相手なのでゴールがありませんし、ゲーム感覚で楽しめます。今思うと、この勉強法は非常に有効でした。

この経験から、『将棋の森』でもゲーム感覚を取り入れています。

たとえば、子どもたちをあえて競争させてみる。

「来週は、この問題を早解きするから、ちゃんと勉強してきてね」

そう告げると、彼らの目つきが変わります。「負けたくない！」オーラをにじませて、誰が一等になれるかというゲームが始まるのです。だから、ちゃんと家で勉強をしてきます。

また、「おやつチャレンジ」という遊びもしています。こんな感じです。

私「三時だね、おやつチャレンジする？」
子どもたち「あー、するする！」
私「じゃ、詰め将棋ね。一〇問目を解いてみて」
子どもたち「はい！　できました！」
私「どれどれ〜、はい正解！　じゃあ好きなおやつを一個取っていいよ」
子どもたち「わーい」

たったこれだけのことですが、みんなとても楽しんでいます。目の前に小さなニンジンをぶら下げるというのが、わかりやすくて良いのかもしれません。

ニンジンは、本当にちょっとしたものでOKです。

たとえば「それができたら、ママと一緒にコンビニに行こうか」とか。あるいは、元々あげる予定ではあっても「これを何秒以内に解けたら、アイスを食べていいよ」とか。日常にある、ごく普通のことを、まるで特別であるかのように言うだけで、子どもにとってはゲームになります。しかも、ちょっと頑張ればクリアできるゲームだから、気持ちが乗りやすい。ニンジンをぶら下げるということも含めて、ゲーム感覚を取り入れることは、非常に有効だと思います。

一〇〇〇回負けたら強くなる「一〇〇〇敗カード」

将棋は引き分けがほとんどないゲームなので、五〇％は負けます。特に、将棋を始めたばかりの子どもは連敗が当たり前。

将棋で負けるのは、想像以上に悔しくて苦しいことです。自分が選んだ手を積み重ねた結果、負けてしまうということは、自分自身を否定されたように感じるからです。そのため、負け続けると、指すのがイヤになってしまう子がいます。

でも、実はここがターニングポイントなのです。

負け続けて苦しいときに、負けをどのように受け止めるか。それによって、その後、伸びるか伸びないかが分かれると言っても過言ではありません。

実は、将棋で負けるのはとても良いことなのです。なぜなら、負けを経験しないと強くなれないからです。プロは「どうやったら強くなれますか?」と聞かれると、「一〇〇〇回負けたら強くなるよ」と答えます。「一〇〇〇回勝ったら……」ではなく、「負けたら」なんです。

ですから私は子どもたちに「一〇〇〇敗カード」を渡したりしています。負けを数えるカードです。

たとえば、五回連続負けた子がいるとします。子どもは「また負けた。またダメだ」と、落ちこみますよね。でも、私に一〇〇〇敗カードを渡すと「すごいじゃん、あと九九五回に減ったよ!」と言われるわけです。すると子どもは「あれ? 負けてもいいんだ」と思う。そして、まるでご褒美のようにニコニコしながらハンコを押します。

もちろん、勝つなら勝つで良いのですが、大切なのは、負けることをマイナスにとらえず、勇気を出して一〇〇〇回戦い続けることです。そうすれば、自分の中に「これは使える」「これはダメだ」という勝利の手法が生まれます。

親以外のたくさんの人に関わる機会を作る

お父さんもお母さんも見つけたい、子どもの「やる気スイッチ」。探してもなかなか見つからないですよね。

私にも、小学六年生の息子がいますが、どこにあるのかまったくわかりません。塾へ通っていますけれど、まだスイッチは押されていません。

特に、お母さんが見つけようと思うとけっこう大変です。

お母さんは、いつも子どもに目を配り、見守っていますよね。でも、自分の子どもばかりを見ていると、かえって見えなくなる部分があるように思います。

子どもは、個人として生きていると同時に、社会の一員でもあります。ですから、「木を見て森を見ず」にならないように、広い視野で客観的にとらえることも必要です。でも、わが子となると、それがなかなかできないんですよね。

もしかしたら親以外の人間のほうが「やる気スイッチ」は見つけやすいかもしれません。そういう意味では、将棋は他者と触れ合う機会が非常に多いので、スイッチオンを期待できます。教室や道場、大会などに送りこんで、たくさんの人と関わらせることで、あるとき「ピッ」と押されるかもしれません。

「悔しい」気持ちの、その先を育てる

何度も申し上げますが、将棋で負けると、とてもとても悔しいです。

将棋は誰も助けてくれません。「子どもだから」という、贔屓もありません。ふだんは、「弟だから」「まだ小学生だから」「女の子だから」と特別扱いされることがあるかもしれませんが、将棋にはそれがありません。相手が年上でも年下でも、男性でも女性でも一切関係なく、同じ土俵で戦います。そして勝敗がつきます。

だから、悔しい。

でも、だからこそ、この「悔しい」には大きな価値があります。言い訳が混ざらない、純粋な「悔しい」気持ち。これをどう取り扱うか。

本人だけで乗り切ることもありますが、親や先生などの大人が、正しく導いてあげるこ

とも必要です。

その子の個性によって異なりますが、ポジティブにとらえられるように導くことが大事なのは、間違いありません。悔しくて悔しくて「やーめた」とならないように、「やるしかない！」と、奮起させる。

その点、うちの母は「悔しい」の扱いが上手だったと思います。

私が勝負を終えて唇をかみしめているとき、余計なことは一切言いませんでした。母のしたことは、ただ会場へ連れていって、終わったら連れて帰る。それだけでした。私の負けず嫌いの性格を見抜いていたから、あえて放っておいたんだと思います。変な言い方ですが、うまく転がされていました。そういう、うまいさじ加減というのは、大切かもしれません。

子どもの心に火がつくテッパンワード

将棋は負けると悔しいですが、最初からみんなが平等に、悔しさを感じるわけではありません。勝敗に執着する子がいるいっぽう、勝っても負けても淡泊な子もいます。そういう子の心に火をつける魔法の言葉があります。

「天才！」

これは間違いありません。テッパンです！　こうやって褒めると、子どもは絶対に目がキラキラして「うん？」ってなる。そして練習に取り組む姿勢が変わります。

類語もご紹介しましょう。

「一番！」

「君だけ！」

使い方の実例は、こんな感じです。

みんながいる前で、「そんな手を指せるのは、君だけ！」と言う。すると、言われた子どもはキラキラキラキラッとして、周りはざわつきます。

こういう、子どもがキラキラする瞬間を、いかに作ってあげられるかというのは、すごく大切なことだと思います。また、同時にそれを聞いていた周りの子どもたちも「あぁ、こんなふうに褒められたいな」と良い形での相乗効果を生み出すので、褒めることはとても大切です。

「とにかく指す子」は伸びるのが速い

プロが見ると、伸びる子は大抵すぐにわかります。

『将棋の森』には、たくさんの子どもたちが通っていますが、たくさん並んでいる中でも「あ、この子は違うな」というのがひと目でわかります。

最近、発見したのは、幼稚園年中さんの男の子Kくん。

級はまだまだ下なのですが、教えていなくても、勝利への正しい方向に駒を動かせますし、シュッと局面に入りこんで集中することができています。小学生に交じって詰め将棋の早解き競争をさせたところ、まだ文字が書けないにもかかわらず、二位になりました。

頭の中で駒を動かす理解力やスピードが、全然違います。こういう子に出会うのは、十五年ぶりくらいかもしれません。他のプロにKくんの対局を見てもらい、「Kくんどこか違うでしょ?」と聞くと、「違う。おもしろいなぁ!」と言っていました。

そういう、神童のようなレベルではなくても、伸びる子というのはいます。一番、わかりやすい見極め方は、「とにかく指す子」です。

「うちの子は、考えなしにすぐに指しているように見えるんですけど、大丈夫でしょうか？」と相談されることがありますが、まったく問題ありません。最初のうちは、むしろ指して指して、負けて負けて……でかまいません。たくさん経験を積むという意味では、速く指す子のほうが伸びが速いです。

反対に、伸び悩むのは、じっと考えこんでなかなか指さない子です。一見、しっかり考えていて良いように思いますが、そういう子は、怖くて手が出せなくなっていることが多いのです。「あれがいいのかな、これがいいのかな」と迷っています。でも、それを選別するだけの経験値がないので、いくら考えても答えは出ません。だから、それよりはもう、とにかく指してみて「これはうまくいった」「これはダメだった」というふうに、経験値を積んでいくほうが結果的には伸びていきます。

将棋界こぼれ話

いいおやつ、いい食事

子どもに将棋を習わせているお父さんから、「いいおやつや、いい食事はありますか?」と聞かれたことがあります。残念ながら、「これを食べれば強くなる」というものは特にありませんが、対局中に良いとされているのは、消化が良い食べ物です。あとは、対局前にフルーツを食べたり、ひふみんこと、加藤一二三九段のように、チョコレートを食べたりする人も多いですね。脳が働くためには糖分が必要なので、補給が欠かせません。

さて、我が家の食事事情はというと、学校様々、給食バンザイ……な感じです(笑)。一日に一回、ちゃんとしたものを食べているので子どもは大丈夫だろうと思っています。

ただし、朝ご飯はしっかり摂るようにしています。パン、卵、トマト、ハム、フルーツが定番。私の母は、食事に手を抜かず、冷凍食品が食卓に並んだことは一度もありませんでした。ですからせめて朝は、自分が親にしてもらったことは、子どもにもしていきたいと思っています。まぁ、昼と夜はずいぶん手を抜いていますし、冷凍食品も使いますけどね（笑）。

将棋界こぼれ話

扇子は何に使う？

夏でも冬でも、対局中に棋士は扇子を持っています。扇子は、あおいで風を送る道具ですが、真夏の対局中はもちろんエアコンが利いています。それではいったい何のために、棋士は扇子を手にしているのでしょうか。

もちろん、純粋に暑くてあおぐこともありますが、実は、リズムを取るためんに使っていることが多いのです。

開けたり閉じたり、パチパチと音を鳴らしたりして、考えるときのリズムを取っているんです。学生時代に流行ったペン回しのような感覚かもしれません。

現在は、タイトル戦以外はスーツを着用することが一般的で、スーツと扇子は少し不似合いな印象もあります。でも、棋士たちにとって扇子は、なくてはならない小道具の一つです。

第五章　「プロ棋士」とはこんな仕事

プロとは何か

プロはどうやってお金を稼ぐ？

プロは、対局をするのが主な仕事です。

新聞の将棋欄に棋譜が載っていますよね。対局をして、あの棋譜を作ることによって、対局料を得ています。

女流棋士の対局料は、棋戦や階級によって異なるため一概には言えませんが、当時（二十年以上前）は、高くて一局一〇万円くらいだったと記憶しています（現在はもっと高いと思います）。

私が現役のころはリーグ戦が多かったので、対局の絶対数が今よりも多く、月に二〇～三〇回は対局がありました。しかし、今はリーグ戦が減り、トーナメント戦が増えてきたので、もしもすべて一回戦で負けてしまったら、対局数は年一〇局に届きません。

ですから、たとえプロになったとしても、対局だけで生計を立てるのは非常に難しいです。将棋連盟が一時期発表していた「対局料ランキング」によると、男性棋士の場合、二〇位前後で一〇〇〇万円程度でした。将棋界の現役棋士は約一六〇人なので、大多数は年収一〇〇〇万円に届かないレベルだと推察されます。

タイトル争いに絡むレベルにならない限り、指導対局をしたり、解説会で聞き手をしたり、テレビに出たりして、将棋を軸とした副業で収入を得ているケースがほとんどです。

竜王戦や名人戦など、タイトル戦の賞金の中には、四〇〇〇万円を超えるものもあるので、大金持ちになれるようなイメージがあるかもしれませんが、タイトルを獲得できるのは棋士の中でもほんの一握りの人だけです。

また、女流棋士はシステムが異なるので、女性の場合はプロになれても、対局だけで生活するのはまず難しいと思います。

プロは毎日をどう過ごす?

プロは、毎日どのように過ごしているのでしょうか。対局がない日は、会社勤めの方の土日のように、休息しているのでしょうか。

私がプロになったときは、まだ中学生でしたので、平日は学校へ行き、対局があれば学校を休んで千駄ヶ谷の将棋会館へ向かうという生活でした。土日や夏休みには、アマチュ

ア の方に指導をしたり、マスコミの取材を受けたり、イベントに参加したりしていました。

高校卒業後は、将棋漬けの毎日です。

スケジュールは、棋士がすべて自分で決めます。対局は、将棋連盟を通じて双方の都合の良い日を選び、それ以外のイベントは各自に任せられています。ですから、忙しくすることもできるし、対局以外の仕事を全部断ることもできます。

会社員ではないので、毎日将棋会館に通う必要はありません。そういう意味で、自由な時間はたくさんありますが、その分、精神的に拘束されているかもしれません。

対局がない日も、詰め将棋をしたり、次の対戦相手の棋譜を調べたりして、常に将棋のことを考えています。一局終えて勝利を収めても「やったー!」と心が解放されることはありません。「また、次の戦いが始まる」。淡々と、そう思うだけです。

だから私は、「現役時代に一番うれしかったことは何ですか?」と聞かれても、答えることができません。将棋の世界で生きていくということは、その瞬間の勝敗に一喜一憂するのではなく、目の前に続く長い長い道を、ただひたすら歩き続けることです。

最初のステップは教室・道場

級はどんなふうに上がるのか

水泳を習うならスイミングスクールへ通うように、将棋を学ぶ場合も、まずは教室や道場へ通います。

ファーストステップである教室や道場は、どんなことをする場所なのでしょう。私が吉祥寺で開いている『将棋の森』を例にご説明します。

教室では、仲間と対局をしたり、講師から直接指導を受けたり、ワークブックを解いたりすることで棋力をつけていきます。

棋力は級で表すことができ、まったくの初心者の場合、一般的には15級からスタートします。

しかし、同じ15級といっても、14に近い15級もいますし、25に近い15級もいます。25に近い15級の場合は、なかなか次の級に上がることができません。そうすると、小さな子どもたちは将棋の楽しさを知る前に、つまらなくなってやめてしまうことがあります。そのため『将棋の森』では、級をより細分化して、30級からスタートさせています。

昇級する条件は、教室や道場によって異なります。

簡単に言うと、そこの先生のさじ加減です。そのため、同じ級であっても、教室が違えば棋力に多少ばらつきが出ます。とはいえ、実戦を積んでいる人が先生を務めていれば、級に対する相場観があるので、それほど大きく偏ることはありません。

ちなみに、一度上がった級は、下がることはありません。ずっと、階段状に昇級していきます。

私の場合は、小学二年生のときに8級からスタートしました。すごいと思われるかもしれませんが、級のカウントの仕方が今とは異なり、当時通っていた道場の、一番下の級が8級だっただけのことです。

そして、四年生のころに初段、五年生で二段、六年生で三段、中学生になるころに四段になりました。

級の上には段があります。

1級の一つ上が初段で、アマチュアの場合、一般的には六段が最高レベルです。段・級は女性・男性、大人・子ども問わず、純粋に強いかどうかで判断されます。

『将棋の森』の昇級規定

級	実戦目安	勝敗	目標
30	将棋をまったく知らない		
29	玉、金、銀の動き方がわかる		
28	飛車、角の動き方がわかる		
27	桂、香、歩の動き方がわかる		
26	成駒の動き方がわかる		
25	駒の動き方をすべて理解できる	2勝	ルールを守る
24	王手であることがわかる	2勝	
23	1手詰がわかる	2勝	ルール通りに動かせる
22	先生に10枚落ちで勝てる（アドバイスあり）	2勝	
21		2勝	玉を受ける、逃げる
20		3勝	金と銀の動き方を間違えない
19		3勝	教えてもらいながら1局指しきる
18		4勝2敗	反則を理解する
17	先生に10枚落ちで勝てる（アドバイスなし）	4勝2敗	王手をかけて相手玉を取る
16		3連勝	タダの駒を取る
15		3連勝	2枚で攻める
14	棒銀戦法を覚える	4連勝または5勝1敗	自分一人でしっかりと指せる
13		4連勝または6勝1敗	二歩を打たない
12	四間飛車戦法を覚える	4連勝または5勝1敗	竜を作る意識を持つ
11		5連勝または8勝1敗	駒の損得を理解する
10	先生に8枚落ちで勝てる	5連勝または8勝1敗	攻め駒と守り駒の意識を持つ
9		5連勝または8勝1敗	3手詰がスラスラ解ける
8	先生に6枚落ちで勝てる	5連勝または8勝1敗	歩の手筋が使える
7		6連勝または8勝1敗	相手の狙いを防ぐ
6		6連勝または8勝1敗	
5	先生に4枚落ちで勝てる	6連勝または9勝1敗	5手詰が解ける
4		7連勝または9勝1敗	
3	先生に2枚落ちで勝てる（アドバイスあり）	7連勝	難解な局面を自力で打開できる
2		8連勝または10勝1敗	感想戦ができる
1	先生に2枚落ちで勝てる（アドバイスなし）	8連勝	実力、対局態度ともに申し分ない
初段			

プロの場合、段・級の体系が男性・女性で異なりますが、奨励会（プロの卵）7級はアマチュアの五〜六段、女流プロの2級は、アマチュアの四段程度に相当します。

対局の相手はこう決まる

『将棋の森』では、二回勝ったら24級に上がることができます。とはいえ、単純に回数だけで判断することはできません。強い相手と当たれば一回も勝てないけれど、弱い相手となら三回も四回も勝てる……ということがあるからです。そこで大切なのが、棋力をそろえることです。

同じくらいの強さの子と戦わせたり、片方がかなり強い場合は、ハンデをつけてレベルをそろえたりすることで、適正な勝負をセッティングします。それも、教える人間の大切な役割です。

以前、私の師匠がこんなことを言っていました。

「せっかく昇級しても負け続けそうな子は、上がらないほうがいいこともある。だからそういうときは、あえて強い相手と戦わせて、勝たせないようにしていた」

級が上がるのは、もちろんうれしいことですが、先を急いだことによって、その子がつぶれてしまっては元も子もありません。ですから、一人ひとりの個性を見極めて、ある程度、級をコントロールすることも大切だと考えています。

教室は「学ぶ」ところ、道場は「指す」ところ

教室は、対象や目的によって、開催される曜日・時間が決まっているところがほとんどです。たとえば、駒の動かし方がわかる幼稚園年長さん〜小学校六年生までは、平日何曜日の何時から、という具合です。『将棋の森』のレッスン時間は一回一時間十五分で、月に三回。月謝制です。

『将棋の森』は、土日は道場になります。道場は、会員の人はもちろん、ビジターの人でも通うことができる「将棋好きの集まり」です。入場料を払って中に入り、開場時間中に、その場にいる人と対局を楽しみます。五連勝、八連勝など、その道場の条件下で昇級もします。勝敗を記す対戦カードを使用し、もしその日のうちに昇級できなかったとしても、次回は前回の続きからスタートできるという具合です。

教室が将棋を「学ぶ」場所であるのに対して、道場は将棋を「指す」ところだというのが、大きな違いだと思います。

道場は、基本的に実戦がメインで、いろいろな人を相手にたくさん対局をするための場所です。道場によっては、手取り足取り指導してくれるところもあるかもしれませんが、戦法を学んだり、アドバイスをもらったりしたい場合は、教室のほうが向いていると思います。

プロへの道のり

「研修会」から「奨励会」へ

教室や道場で力をつけた子どもたちの多くは、将棋連盟内の「研修会」に入り、さらに腕を磨きます。プロの卵のさらに卵のための機関です。

対象は、二十歳以下で、アマチュア有段者の少年少女。あるいは、女流棋士を目指す二十五歳以下の女性です。

研修会は、レベルが上からA、B、C、D、E、Fクラスに分かれており、一番下のF

クラスでも、アマチュア二段程度の実力があります。

そして研修会のさらに上、プロの養成機関が「奨励会」です。奨励会に入会するためには、年に一回行われる試験に合格する必要があり、これは司法試験に合格するよりも難しいと言われています。そして、そもそも試験を受けるためには、アマチュア四～五段くらいの棋力が必要です。アマチュアの四～五段は、県代表くらいのレベル。もちろん、大人も含めて、です。それが、ようやく試験を受けさせてもらえるレベルなのです。また、奨励会は修業の場なので、入会金一〇万円、月一万円が必要です。奨励会には、6級から三段までが所属しています。アマチュアの五段が奨励会の6級に相当するので、どれだけ強いかということがおわかりいただけると思います。

プロになれるのは年に四人だけ

一年に二回行われる奨励会の三段リーグで、それぞれ上位二枠に入れば、四段に昇段し、晴れてプロになることができます。確率で言うと、プロになれるのは奨励会全体の二％程度です。

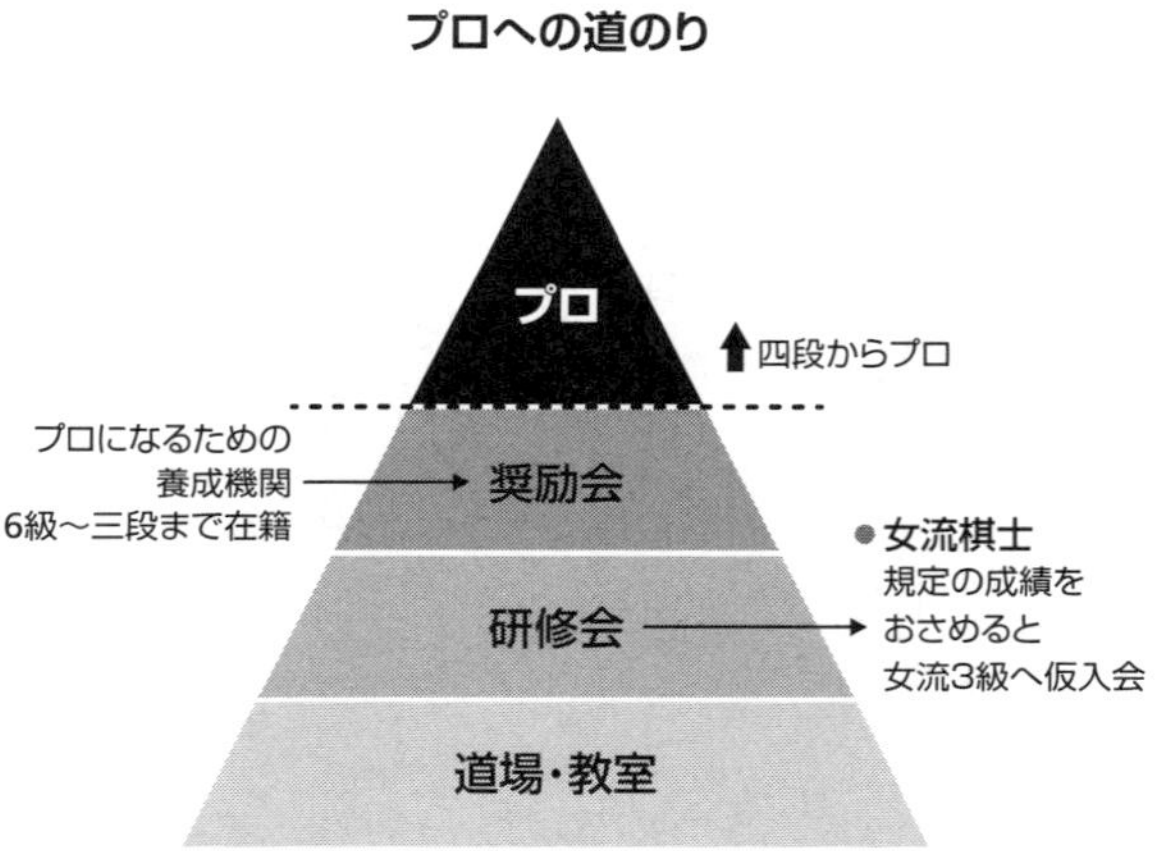

ちなみに、女性がプロになるには「女流棋士」という特別な制度があります。

元来、棋士の制度には男女の区別がないので、所定の成績を収めて四段に昇格すれば、男性と同じ棋士になります。しかし、残念ながら現在まで、棋士になった女性は一人もいません。

女流棋士は、棋士の棋戦とは区別された女流棋戦に参加して対局を行います。ただし、女流タイトル保持者など、成績優秀な一部の女流棋士は、女流枠を設けている男性棋士向けのタイトル戦に参加することができます。

なぜ男性と女性のシステムが違うのか

なぜ、男性と女性では、プロになるためのシステムが異なるのでしょうか。その理由は、歴史にあります。

男性のプロ棋士制度は、江戸時代からありました。いっぽう女性は、プロ制度ができてからまだ五十年も経っていません。競技人口が異なるので、独自のシステムが作られたのだと思います。

結局、将棋界は厳格なヒエラルキーの世界なので、分母が大きければその頂きが高くなります。ですから、女性で将棋を楽しむ方がもっと増えれば、その頂点もどんどん高くなり、システムが見直されるようになるかもしれません。

二十年くらい前、男性棋士が女流棋士に負けるのは「恥」だと言われた時代がありました。今では信じられないかもしれませんが、「女流棋士は客寄せパンダだ」などと言われたこともあります。

しかし、現在は女性の棋力もどんどん上がってきています。男性脳、女性脳というものがあって、将棋は男性が向いているとささやかれた時代もありましたが、そんなことはもう言われなくなってきていると思います。

最近は、奨励会で男性とまったく対等に競い合う女流棋士も登場しています。史上初の、女性の棋士が誕生するのも、もう間もなくではないでしょうか。とても楽しみです。

なってからがさらに厳しいプロの世界

目指せるかどうかは小学生時代に決まる

将棋界は、究極のヒエラルキー世界です。

どんどんふるい落とされていくので、後から入りこもうとしても、なかなかそうは問屋が卸しません。

第四章でもお伝えしましたが、奨励会に入る年齢で、一番多いのは小学五〜六年生くらいです。そしてプロになるのは、だいたい二十〜二十三歳くらいが主。もちろん、奨励会に入っている全員がプロになれるわけではありません。

さらに、プロになるためには実力以外に、年齢の壁も立ちはだかります。

奨励会に在籍中、満二十三歳の誕生日までに初段、満二十六歳の誕生日までに四段に昇段できなければ、奨励会を退会しなくてはいけません（ただし四段昇段がかかった三段リーグで勝ち越しできれば、最高で満二十九歳まで延長できます）。

したがって、奨励会でプロを目指している間にリミットを迎えてしまえば、プロになる道は閉ざされます。そうなると、二十代半ばで、突然将棋以外の世界へ放り出されることになります。

ただし、奨励会に入らなくても、プロ棋士との対局で勝率六割五分以上という好成績を収められればプロになれる「プロ編入制度」もあります。年齢制限はありませんが、この方法でプロになるのは、奨励会からプロ入りをするよりも難しいと思います。

自分の子どもには棋士になることをすすめない

狭き門を勝ち抜き、たとえプロになれたとしても、それはスタートに過ぎません。本当の戦いはそこからです。

だから、棋士の多くは自分の子どもにプロになることをすすめません。将棋を教えることもためらいます。「あんまり好きになってほしくないな」とすら思っています。

こんなことを「子どもに将棋はいいですよ！」とおすすめしている私が言うのは、矛盾しているかもしれません。でも、わが子は自分の血を引いていますから、同じように勝負師気質があり、中途半端に才能がある可能性が高いのです。きっと、そこそこのレベルまではいきます。でも、そこから先はどうなるかわかりません。だから、怖いのです。

また、わが子でなくても、教え子にプロになることをすすめるかどうかは、とても迷います。子どもは無邪気に「プロになりたい」と言いますから「そうなんだ、頑張ってね」とは返しますが、本気でそれを言っている子どもに対して、安易にすすめることはできません。才能豊かな子に対してでさえ、ためらわれます。辛い道であることは間違いないし、その子の一生に関わることだからです。

以前、何気なく言った言葉で、その子の人生を狂わせてしまったのではないかと不安になったことがあります。

その子とは、女流五冠の里見香奈さんです。

私は小学生時代の里見さんに会ったことがあります。どうしたら強くなれるかと聞かれ、毎日詰め将棋を三問解きなさいとアドバイスしました。その結果、彼女はプロになりました。

でも、私があんなアドバイスをしたことで、里見さんを辛い世界に引きずりこんでしまったのではないかと、不安になり、一度本人に聞いたことがあります。すると「将棋は大好きだし、あのアドバイスをいただいたからこそ今があるので、すごく感謝しています」と言ってくれました。長年の肩の荷が下りて、ほっとしました。

将棋を学ぶこと自体は、とてもいいことです。将棋を習うお子さんのほとんどは、趣味の範疇《はんちゅう》です。

しかし、プロを目指すとなると、話は別。いかに厳しい世界であるかを覚悟しなくてはいけません。

学業と両立させるのが最近の流れ

奨励会に入ったものの、年齢制限で退会することになったとき。働こうと思っても、それまで将棋一本でやってきて、高校や大学を卒業していなかったとしたら、就職するのが難しくなるかもしれません。

ですから、最近は小学生のうちに奨励会に入るような子でも、学業と両立させているケースが多いです。大事な時期に高校や大学受験をしないですむように、中高一貫校へ進学して、先を見越して戦いに挑む子も増えています。

ひと昔前は、プロを目指すなら、高校や大学なんて行かずに将棋に打ちこむべきだという空気がありました。でも今は、将棋界の流れも変わってきています。

昔は、奨励会の対局は平日に行われることが主でしたが、今は、土曜日に行われ、平日は学業を優先できるようになってきています。

藤井六段も、高校へ進学することを決めました。高校生活で同世代の仲間から刺激を受けることが将棋にも良い影響を与えて、ますます強さに磨きがかかることを期待しています。

引退後の生活

棋士の引退はどう決まるのか

プロが引退するパターンは二つあります。

一つは、自ら引退を表明すること。私がそうでした。

もう一つは、強制的に引退させられることです。

女流棋士と男性棋士では細かい規定が異なりますが、どちらも端的に言うと、勝てなくなったら、引退させられます。

男性棋士の場合、順位戦で規定の成績を収められない場合は、「フリークラス」というところにはじき出されます。フリークラスには十年間しかいられないと決まっているので、良い成績を収めて復帰する方もいますし、成績がかんばしくなく、強制的に引退させられる方もいます。

ですから、サラリーマンの定年である六十歳を迎える前に、おしまいになる方もいらっしゃいます。勝負の世界ですから、当然といえば当然かもしれませんが、とても厳しい世界です。

引退後の職業は?

現役を引退した人は、どのようにして生計を立てていくのでしょうか。

実は、たとえ引退しても、一度プロになった人は、ずっとプロであることに変わりはありません。師匠になることができますし、アマチュアの方に指導することもできます。ただし、公式戦に出ることはできませんし、身分としてはプロなので、アマチュアの大会に出ることもできません。

ちなみに、プロ棋士は引退しても退職金は出ません。以前は、慰労金として支払われる制度がありましたが、二〇一一年に日本将棋連盟が公益社団法人となったことで、その制度は廃止されました。現役中はもちろん、引退後も、厳しい世界が待ち受けていることは間違いないでしょう。

将棋はセカンドキャリアを築くのが難しい世界です。それでも、多くの子どもたちが、プロを目指して精進しています。「好き」という情熱に純粋培養された天然記念物のような人たちが集まる場所、それが将棋界なのかもしれません。

将棋界こぼれ話

対局を見ながら囲碁を打つ

対局の昼食休憩のときは、対局室の隣にある控え室で、お昼ご飯を食べます。自分も対戦相手も一緒にです。

最近は、序盤の一手が大きく流れを支配することがあるので、ピリピリしたムードが漂っていますが、昔は、和やかそのものでした。

長い持ち時間があるタイトル戦の午前中は、のんびりしたもの。対局を見に来ている棋士や、観戦記者たちなどが、控え室で和気あいあいと過ごしていました。

そしてそんなとき、彼らはたいてい囲碁を打っていたんです。対局のモニターを見て「あー、進んだな」とか言いながら、囲碁を打つ。

私は囲碁も好きなのですが、始めたきっかけは、これでした。どこのタイトル戦へ行っても、将棋関係者が囲碁を打っているので、楽しそうだと思ったのです。

将棋関係者は、何かしら勝負事が好きなようです。

第六章

私が「教える棋士」になったわけ

ここまでお話ししてきたように、中学三年生で将棋界の女性プロになった私は、今は公式戦から引退し、子どもたちに将棋を教えています。なぜ「女流棋士」から「教える棋士」になったのか。本書の最後に、私のこれまでの将棋人生を振り返りたいと思います。

将棋との出会い

始めたときから「勝つまでやめない!」

ある日の夕方、父が質屋で手に入れたという将棋盤を私と兄の前に置きました。私が小学一年生、兄が四年生のときのことです。

「さぁ、将棋を教えてあげよう」

父が兄に顔を向けます。そう、父は兄に将棋を教えるつもりで将棋盤を買ってきたのです。

でも、兄は「うーん」と、あまり乗り気ではない様子。そこですかさず「うん、やってみる!」と、しゃしゃり出たのが私です。

兄は、どちらかというと大人しくて、一人で読書をしているのが好きなタイプ。いっぽう、私は勝負ごとが大好き。縁日のスピードくじも「これが欲しい！」と思ったら、欲しいものが出るか、お金がなくなるか、結果が出るまでやめないような子どもでした。

そして、将棋盤が家に来てから数日経ったとき、そんな二人がついに将棋で対決することになりました。

はい、勝ったのは私です。

漢字もろくに読めない七歳児に負けた兄は、ポロポロと涙をこぼしました。何度やっても結果は同じ。その様子を見た父は、「情けない」と嘆き、最終的に私だけが将棋を続けることになったのです。

「初めて将棋を指したときは、やっぱりビビッときたんですか？」

こう聞かれることがあります。プロになるくらいですから、さぞのめりこんだのだろうと思われるようです。

たしかに、最初からハマっていたといえば、ハマっていたと思います。母が「ご飯よ」

と呼びに来ても「勝つまでやめない！」と盤とにらめっこをしていましたから。

でも、将棋だからそこまで執着したのかというと、決してそうとは言えません。元々、勝ち負けに対する執着が尋常ではなかったので、もし、父が囲碁盤を買ってきていたら、囲碁の道に進んでいたことでしょう。

勝負師の気質がある子どもに、将棋を与えたら、結果的にハマった。それが答えだと思います。

「将棋を休む」という選択肢は頭になかった

将棋は私の生活に、ごく自然に入りこみました。

平日は毎晩八時から九時が「将棋タイム」。

将棋の本を読んだり、実際に指したりする時間です。そして週末は、アマ四段の近所のおじさんに教わりました。

小学二年生になって力がついてくると、近所のおじさんのところとは別に、道場へ通うようになりました。

決して子ども向けではないので、大人に交じって将棋を指します。顔見知りのおじさんに「和ちゃん、和ちゃん、教えてあげるから」と手招きされて、いざ対局すると私が勝ってしまうこともよくありました。そんなとき、おじさんは、「今日は、ちょっと調子が悪かったなぁ」と言いながら去っていったものでした。

「あなたはね、どんなに体調が悪かろうと、台風が来ようと、一度も『行きたくない』と言ったことがなかった」と、母に言われたことがあります。

たしかに、私の中に「行かない」という選択肢はなかったので「行きたくない」と言った記憶はありません。毎週土曜日と日曜日に、電車に乗って道場まで一人で行く。それは私にとって、小学生が小学校へ通うということくらい、当たり前のことでした。

当時は、将棋のほか、水泳とエレクトーンも習っていましたが、水泳はある程度まで泳げるようになったときにやめ、エレクトーンは中学生くらいでやめました。

どちらも楽しかったのですが、のめりこみ方は、やっぱり将棋が一番だったと思います。級が上がっていく快感がたまらなかったからです。

こうして、将棋はどんどん、それでいて自然に、私の生活の一部となっていきました。

中学三年生でプロに

気が付いたらプロになっていた

プロを目指す人は、プロの養成所である「奨励会」に入ります。入るためには、アマ四段、五段くらいの実力があり、なおかつ試験をパスしなくてはいけません。

私が小学生のころは「女流育成会」という、奨励会の女性版のようなものがあり、私は小学六年生のときに入会しました（現在は廃止）。しかし当時はまだ、プロになることを強く意識していたわけではありません。師匠に「入ってみたらどうだ？」と言われたので、「じゃあ、やります」という感じ。「女流育成会だから、女の子と指せるんだ！」と、単純にウキウキしていたのを覚えています。

女流育成会の人間がプロになるためには条件がありました。それは、一年間に及ぶリーグ戦において、上位二枠に入ることです。私はというと、一年目は土壇場で負けてしまい三位。二年目も三位。結局、三回目のリーグ戦で二枠に入り、プロ入りを果たすことになりました。中学三年生の春のことです。

当時は、女性で、しかも中学生という物珍しさから、多くのマスコミに取り上げられました。藤井六段も、私と同じ、中学生でプロになったので、彼を見ていると「私も、こういうふうに見えていたのかなぁ」と、不思議な気持ちになります。

しかし、ここからが本当の戦いでした。

気が付いたらプロになっていたという感覚だったため、当時の私は、プロ意識ゼロ。「プロって、将棋を指したら、お金がもらえるんだ」くらいの気持ちです。中学三年生ですから受験勉強もありますし、部活もあります。私はついでに生徒会にも入っていました。もちろん、将棋で負けるのは大嫌いですから、努力は怠りません。でも、プロに求められているのは、努力だけではないということが少しずつわかってきました。そして、将棋を指すことが苦しくてたまらなくなっていったのです。

「頑張って」と言われるのが苦しい

プロに求められていること。

それは、努力ではなく、結果です。

努力をするのは当たり前。結果が出なくては意味がない。そんな厳しい世界なのです。

プロになる前、私にとって将棋は自己完結するものでした。負けて悔しいのは自分。勝ってうれしいのも自分。すべてが自分の中で完結します。

しかし、プロになってしばらくすると「勝敗は、私だけのものではないんだ」と思うようになりました。

ファンの方から「和ちゃん、頑張ってね！」と、たくさん声をかけていただきます。それは、とてもうれしいと同時に、大きな荷物を背負わされたような感覚でした。

「そうか、プロはこうやって応援してくれている人たちの期待を背負って、対局しなければいけないんだ」

そう気付いたときから、私の中で少しずつプロ意識が芽生えていったのです。しかしそれは、中学三年生にとっては、とても重たい現実でした。

対局の前日になると、眠れません。気持ちが悪くなって朝まで吐き続けてしまうこともあります。そんな最悪の体調で、這うようにして対局へ行くことが増えていきました。

「頑張ってね！」

「応援してるよ！」

「次は勝てるよ」

そんな、心からの声援を、素直に受け取ることができません。

「こっちだって頑張ってるんだよ」

心の中で、ふてくされてしまいます。

どんなに良い手を指しても、最終的に勝たなければ、皆さんに認めていただくことはできません。

「勝たなくちゃいけないんだ。勝たなくちゃいけないんだ……！」

私は自分を、どんどん追いこんでいきました。食欲はさらに落ち、七号のスカートもずり落ちてしまうほどやせました。

そして高校生のとき「自律神経失調症」と診断されたのです。

「女流棋士・高橋和」から解き放たれた高校時代

「自分自身に負けてはいけないし、応援してくれる人の気持ちにも、きちっと応える」

自律神経失調症を発症してからも、私はこの思いを胸に将棋を指し続けました。もはや、楽しいから将棋を指していた私はいません。あるのは、プロとしての義務感だけ。

そんな、逃げ場のない私を救ってくれたのは、高校でした。

通っていたのは、鎌倉高校。

地元からほど近い、江ノ島電鉄「鎌倉高校前」駅が最寄り駅で、丘の上に校舎があり、窓からは真っ青な海を見渡せる、THE・青春なロケーション。進学率はほぼ一〇〇%にもかかわらず、この穏やかな環境のおかげで「鎌ボケ」にかかり、日本一の二浪校（当時）と言われていました。

でも、そんな「鎌ボケ」が私にはありがたかった。

友だちや先生など、誰も私を「女流棋士・高橋和」として扱いません。

中学生のときは、好奇の目で見られたこともありましたが、鎌倉高校のみんなは「あぁ、なんか将棋やってるらしいね」くらいの感じ。世の中の人が求めている「中学生でプロ棋士になった、礼儀正しい高橋和」である必要が、まったくありませんでした。

おかげで、高校にいる間だけは「イメージを守らなくては」とがんじがらめになっていた心を、解き放つことができました。

「一番になりたいと強く願う」という才能

唯一の憩いの場である高校へ通いながら、なんとか心のバランスを整えようとしたものの、病状はなかなか改善しません。

今振り返れば、「そんなに辛いなら、いっそのこと、将棋をやめちゃえばいいのに」と思えるのですが、当時は、そんな発想はみじんもありませんでした。なぜなら、それは「負ける」ことだからです。

将棋をやめるということは、逃げること。逃げることは、自分に負けることです。負けることが大嫌いな人間が、そんな選択をできっこありません。だから余計、苦しい。

そのころの成績は、勝率五割。プロの世界は、強さによってリーグが分かれているのですが、私は一番上とその下を、行ったり来たりしている状態でした。全体から見れば、上位だったと思います。ただ、タイトルを狙えるかというと、二番手争いくらいのポジション。ずば抜けて強いわけではないけれど、決して弱くもない。そういう位置づけでした。

そして、このころから、薄々気付き始めていました。

「私には、一番になりたいと強く願う才能がない」と。

もちろん、プロとして、タイトルを狙わなくてはいけないと思っていました。でも、それは野心というよりも、義務感によるものです。「みんなは、私が一番になることを期待しているんだから、一番にならなくてはいけない」という気持ちです。

それをモチベーションにして頑張っていたものの、心の奥をのぞいてみると、私の中には、一番になることへの執着があまりありませんでした。

こんなに負けず嫌いなのに、どうしてだろうと、自分でも不思議に思います。でも、何かが違うと感じていたのかもしれません。

そして「一番になりたいと強く願わない人間が、勝負の世界にいるのは失礼だ」という思いがふくらんでいきました。

私は、棋士をとても尊敬しています。みんな一生懸命で「自分がタイトルを取るんだ！」という思いを胸に、将棋に打ちこんでいます。だから、いい加減な思いの人に、この世界はふさわしくない。そう思っていました。

「私は、ここにいるべきではない」

「でもやっぱり、ここが好き」

二つの思いの間で揺れる日々が続きました。

二十九歳、現役引退

「教える」という意欲がわき上がった瞬間

そんなある日、人生を変える出来事がありました。

「ちょっと人手が足りないからお願いできる？」棋士仲間から誘いを受け、私は将棋連盟が主催する子ども向け教室を手伝うことになりました。今から二十年以上前の話です。当時は、羽生七冠誕生の後ということもあって、教室には今のように子どもたちが多く通い、一日に二〇〇人近くやってきました。

教室のはじっこで、幼稚園生くらいの女の子が、真剣な表情で将棋を指しています。何気なく見ていた次の瞬間、私の目は、その子にくぎ付けになりました。

女の子の顔がパッと華やぎ、目にまばゆい光が宿ったのです！　本当に、目が笑っているというか、勝利の喜びが全身からあふれていました。

「あぁ、私、これだったんだよな」

ずっと曇っていた気持ちが、パーッと晴れていくのを感じました。

「私は、この子のように将棋を指すのが好きだった。だから続けていたのに、いつの間にか勝つことが義務になってしまっていた。私は、本当は何をしたいの？」

あらためて自分に問うと、答えはすんなり出ました。

「私は、この目を見ていたい！」

このときから、私の中に「教える」という意欲、目標が、ふつふつとわき上がり始めたのです。

里見香奈さんとの指きりげんまん

時を前後して、私の人生を後押しするさらなる出来事がありました。

現在、女流五冠として活躍する里見香奈さんとの出会いです。

彼女の地元・島根県で、将棋のイベントが開かれることになり、私の他に、羽生さんや谷川さんなど、そうそうたるメンバーが集まりました。そこで目にしたのが、当時十歳だった彼女です。

まだまだ弱いレベルだった里見さん。なんと、棋士一人ひとりのところへ行って「どうやったら強くなりますか？」と聞いて回っているではないですか。頑張っている子がいるなーと思って見ていたら、ついに私の前に。

「どうやったら強くなりますか？」

「毎日、詰め将棋を三問でいいから解いてごらん。できる？」

「できます」

「じゃあ、指きりげんまんしよう」

この半年後、彼女から手紙が届きました。

「ちゃんと約束を守って、毎日詰め将棋を解いています」

そしてさらに半年後、

「毎日、詰め将棋をしています。この前の大会で優勝しました」

指きりをしたときは、私はきっと約束を守れないだろうなと思っていました。言われたことを素直に継続できる子は、ほとんどいません。だから、彼女がどんどん強くなっていく様子を見るのは、とてもうれしかったし、新鮮な出来事でした。

この、里見さんとの出会いを通じて、「後進を育てるということも、立派な役割なんだ」と思うようになりました。そのころの一番を目指しきれない自分が、将棋界にいる意義を教えられたように感じたのです。

ちなみに里見さんは、実際には毎日一〇問、詰め将棋を解いていたようです。私はたしか、三問と伝えた気がするのですが、それを超えてきました。さすが、これだけ強くなる人は違いますね。

引退、そして思わぬ展開

やめるかやめないか、自問自答しながら人生の転機を経験し、ついに二十九歳のとき、私は引退しました。

周りの反応は「え、なんで？」という感じです。

たしかに、全然勝てなくて、どんどん下のリーグに落ちてしまっていたら、周りも納得したでしょう。でも、私はそこそこ勝っていたので、驚かれたようです。

二十代で引退するのは、将棋界ではかなり早いほうだと思います。でも、まったく後悔はありませんでした。なぜなら「子どもたちに将棋を教えたい」という思いが、確固たるものになっていたからです。

ところが、ここで思わぬ事態が生じました。なんと、私は妊娠したのです。引退届を二月に提出し、翌月に妊娠発覚。結婚は二年前にしていましたが、まだ子どもを産むつもりはありませんでした。「いよいよこれから、第二の人生！」というタイミングで妊娠。びっくりしましたが、まぁ、これも運命。というわけで、私の「教える」人生は、しばらくお預けになりました。

育児に追われていた期間は、将棋とも離れていました。詰め将棋を解くこともないし、誰かと指すこともありません。私の居場所は、プレッシャーがうごめく将棋界ではなく、息子と一緒に過ごす部屋の中や公園です。

すると、毎日が、まるで雲の上を歩いているようなふわふわした気持ちになりました。慣れない育児にドタバタしてはいるものの、なんて平和で穏やかな日々でしょう。そしてあらためて、これまで自分がいかにいろいろなものを抱えこんでいたかを知りました。

将棋に限らず、プロの世界は何でも、突き詰めると自分との戦いになっていきます。それゆえ、戦いに決着がつくことはありません。そして彼らは、そのことに何の疑問も持たず、自分と戦い続けます。だから、引退をしてそれがなくなった瞬間に、ようやく客観的な目で自分を見られるようになって、自分の本当の姿が見えてくるのだと思います。

「教える棋士」誕生

自宅教室から『将棋の森』へ

「教える棋士」として再スタートを切ったのは、息子が二歳のときでした。

栄光ゼミナールが、小学生向けの将棋教室を開設することになり、先生役を打診されたのです。子どもに将棋を教えたいと思っていた私には、願ってもない話でした。

おかげさまで、教室は大盛況。まったく将棋を知らなかった子どもが、少しずつ強くなっていきます。そして「初級クラスを作ろう！」となり、その子たちが強くなると、今度は「中級クラスも作ろう！」となって、受講人数がどんどん増えていきました。

もう、楽しくて仕方がありません。「私がやりたかったことは、これだ！」と、確信しました。もちろん、うまくいかないことや大変なこともたくさんありますが、楽しい気持ちが上回ります。

「自分で教室を開きたい」と思うのに、それほど時間はかかりませんでした。

まずは「しょうぎテラコヤ」という名前をつけて自宅を開放し、近所の子どもたちに将棋を教えました。特に大きな宣伝をしたわけではありませんでしたが、口コミで段々と人数が増え、月曜だけだったのが、水曜にも開き、しかしそれでも入りきらないようになっていきました。

そしてついに二〇一六年の六月、『将棋の森』をオープンしたのです。将棋をフランクに楽しめるように、正座ではなくイスに座るスタイル。内装もカフェを意識した、カジュアルな空間です。今は、八〇人くらいの子どもたちが通っています。

「レッスンプロ」がいない将棋界

実は、将棋界にはレッスンプロという発想がありません。

もちろん、プロがアマチュアに教えることはよくあります。でも、現役を引退して公式戦を戦わず、教えることに専念する人はほとんどいませんでした。「対局を続けながら教えればいい」という考え方なのです。

また、プロが教える相手の多くは、すでに将棋が好きな人です。駒の動かし方をはじめとするルールはすでに知っていて、もっと強くなりたいと思っている将棋好きな人を相手に、強くなるためのアドバイスをします。

たしかに、駒の動かし方などのルールは独学で習得できるので、わざわざプロが教える必要はないのかもしれません。でも、私はそれをしています。相手は子どもなので、イスにじっと座ることから教えることもよくあります。

それでは、なぜ私はゼロから教える道を選んだのでしょうか。

なぜなら、私は、ゼロを一にしていきたいと思っているからです。

実は、将棋は、ある程度のレベルの人を強くするのは簡単です。もう基礎ができていますし、本人のやる気もあるからです。でも、まったく知らない子どもに将棋というものを教えて、好きになってもらうように導くということは未開拓の分野でした。

だから私は、将棋をまったく知らない、ゼロベースの子どもたちに、将棋の楽しさや素晴らしさを一から伝えていくことを専門的に行いたいと思ったのです。

残念ながら、今は将棋を教えられる人材が不足しています。アマチュアの場合、教える際はボランティアであることが一般的なので、なかなか人材を確保できません。だからこそ、プロである人間が、教えることに専念して、将棋界を盛り立てていくことが必要だと思っています。

やっぱり将棋は楽しい!

息子が教えてくれた「グレーの世界」

育児を経験する前の私は、何事も白黒はっきりつけないと気がすみませんでした。「良いか、悪いか」「できるか、できないか」「勝つのか、負けるのか」

結果をとことん、追求したい性質なのです。

でも、育児はそうはいきません。これほど予測不能で、結果がわからない世界があるでしょうか。

息子が生まれたばかりのころは、なぜ泣いているかがわかりませんでした。ミルクをあげても、おむつを替えても、抱っこをしても泣きやみません。「正解は何!?」と、頭をかきむしりたくなる思いです。

「イヤイヤ!」が連発する魔の二歳児のときには、何度言っても言うことを聞かない息子に感情が爆発。マンガのように手がわなわなと震えたことすらあります。

そんな、思い通りにいかない毎日を経験することで、この世の中にはどうしようもないグレーの世界がたくさんあるということを学びました。

おかげで、何事も「きっちり、きっちり」と思っていた私も、最近はだいぶ「ま、いっか」が板についてきたように思います。長い目で見れば、今すぐ白黒つけなくてはいけないことなんて、そう多くはありません。ときには、曖昧にしておいたほうがいいこともあります。

だから、私にグレーの世界を教えてくれた息子には、「いろいろ理不尽な思いをさせていただいて、本当にありがとうございます」と感謝しています。

人間として成長してほしいという思い

子どもたちに将棋を教えるにあたって、自分自身も子育て中であるということは、大いに役立っていると思います。

やはり母親目線になり、「この子を人間として成長させたい」という思いが根底にあるので、悪いところはきちんと指摘します。

そういえば、先日こんなことがありました。

大会を控えた女の子のお父さんから、調子を見てほしいと連絡がありました。注意力が散漫になりやすい子なので「みていいのは、しょうぎばんと、てんじょうだけ！」など、大会本番で気を付けることを、いくつか箇条書きにして渡しました。

そして、大会当日。

初戦を終えたとき、お父さんから「一勝しました！　先生にいただいたメモをずっと見て、心にとめながら対局していました」とメールが来ました。「集中力が切れやすいのが弱点なので、集中力を切らさないようにと伝えてください」と、すぐに返信。すると、こんなお返事が届いたのです。

「弱点だと、はっきり言ってくださったことに感謝です」

これは私にとって、うれしいひと言でした。

弱点なんて言うと、「うちの子を悪く言って」と思われる方もいると思います。でも、このお父さんは、悪いところを悪いと、第三者の目で指摘されたことがありがたいとおっしゃってくださいました。「あぁ、そうか。私にはそういう役割もあるんだな」と気付かされましたし、自分自身も、誰かに息子の短所を指摘されたときには、素直に感謝できる人間でありたいと思いました。

子どもは他人に育てられる

子どもは、いろいろな人に関わることで成長していきます。でも、最近は核家族化が進んだり、物騒な事件が増えたりしているせいで、第三者は怖いという気持ちが、私も含め、親にはあります。だけれど、多様な価値観を認めて大きく羽ばたくためには、なるべくたくさんの人と関わることが大切です。

将棋は、それをかなえます。

教室に通って先生と話したり、仲間と切磋琢磨したり、大会で、住むところや性別・年代も異なる仲間と交流をしたりして、さまざまな考え方、感覚に触れることができます。

私の息子は小学六年生ですが、息子自身もたくさんの人と交わることで、育てていただいていると感じています。

息子は、学校が終わると、ふらっと『将棋の森』に顔を出すことがよくあります。そしてお客さんに「ママに『夕飯一緒に食べよう』って言って」と耳打ちしたりしています。外食したいけれど、私に直接言うとダメだと言われるから、お客さんを巻きこんでみんなで外食しようとするんです。

息子はやんちゃ坊主なので、皆さんにご迷惑をおかけしてばかり。でも同時に、たくさんの方と触れ合うことで、確実に成長しています。だから、息子を育てていただいている分、私も、皆さんの子どもたちを育てていかなくてはならない。そう強く思います。

親が教えるのは難しい

「息子さんにも将棋を教えているんですか？」と、よく聞かれます。

たしかに、私は子どもたちに将棋を教える先生であり、母親なので、息子にも教えていると思われるのは自然なことでしょう。

でも実は、息子には将棋を一切教えていません。

教えていませんが、幼稚園児くらいのときに、リビングにあったｉＰａｄで勝手に覚えてしまったので、彼も将棋を指すことはできます。「ママ、将棋やろう！」と誘われても「イヤだ」と断ります。なぜなら、親子は感情が入ってしまうからです。

生徒さんだったら、ふつうに指導できるのに、わが子となると「バカだなぁ」などと、平気で怒ってしまうので、正しく導いてあげることが私にはできないと感じています。

だから、息子は知り合いの先生に預けました。結局、それほど将棋にはハマっていないようです。「良かったー、プロになりたいとか言い出さなくて」と、心底ほっとしています。プロがどれほど厳しい世界なのかを、私はよく知っていますから。

今が人生で一番楽しい!

小学校の先生をしている知人と、子どもの指導の仕方について話をしたことがあります。彼はこう言いました。

「将棋の教室は、将棋をやりたい子たちが目的意識を持ってくるからいいけれど、小学校は不特定多数の子どもたちが来るから、授業に集中させるのが難しい」

たしかに、それはあると思います。でも、私自身は、小学校へ教えに行くことが大好きです。

「どうやったら、この子たちが興味を持って、集中して将棋をしてくれるかな」と考えると、ワクワクしてきます。子どもは楽しいことに対する嗅覚が優れているので、いかに楽しさを提供できるか、それが勝負だと思っています。

子どもの好奇心をかきたてるのはもちろん、「どうやったら、安心して子どもを預けてもらえるだろう」ということも考えます。

「どうしたら、もっと良くなるか」を考えることが好きなのです。

だから、私は今が人生で一番楽しい！　子どもたちに将棋を教えていると、毎回発見があり、感動があります。今は自分自身が将棋で戦いたいと思うことはありません。「教える棋士」、それが私の道なのです。

おわりに

将棋は、楽しい部分がたくさんあるけれど、苦しい面もいっぱいあります。強くなればなるほど、自分で自分の限界を超えていかなくてはいけません。私自身も、その戦いの苛酷さに、心身のバランスを崩してしまったこともありました。

しかし、苦しみや葛藤、執着、プレッシャー、情熱、孤独など、さまざまな思いの果てにあったもの、それはやはり「将棋は楽しい！」という揺るぎない思いです。

私の「教える棋士」としてのキャリアは、まだ始まったばかりです。

森の木がどんどん成長していくように、子どもたちがのびのび育っていくサポートをしたい。そんな思いから、教室の名前を『将棋の森』と名付けました。

毎日、大変なことばかりで、へとへとになっていますが、楽しくて仕方がありません。子どもたちが、目を輝かせる瞬間を見るのが大好きです。どうすれば、その目を見られるのか、考えるだけでワクワクします。

藤井六段の活躍により、わが『将棋の森』にも問い合わせが殺到し、ついには本まで出版する運びとなりました。

この本がきっかけで、将棋を始める子どもが増え、その中の誰かが将来、藤井六段とタイトルを争うような棋士に成長したとしたら……。

そんな期待と読みをこめて、この本を上梓します。

二〇一八年三月

高橋　和

著者略歴

高橋　和《たかはしやまと》

女流棋士三段。「将棋の森」代表。
一般社団法人「日本まなび将棋普及協会」代表理事。
一九七六年、神奈川県生まれ。
九一年三月に十四歳でプロとなり、
二〇〇〇年四月に女流棋士二段。
〇二年に第四〇回詰将棋看寿賞短編賞を受賞。
〇五年二月に現役を引退。
子ども向け将棋教室開催やインストラクター養成、
ゲーム絵本『ぴょんぴょんしょうぎnew!』(幻冬舎)出版など、
将棋の普及活動に力を注いでいる。

幻冬舎新書 493

頭の良い子は将棋で育つ

二〇一八年三月三十日 第一刷発行

著者 高橋 和
発行人 見城 徹
編集人 志儀保博

発行所 株式会社 幻冬舎
〒一五一-〇〇五一 東京都渋谷区千駄ヶ谷四-九-七
電話 〇三-五四一一-六二一一(編集)
〇三-五四一一-六二二二(営業)
振替 〇〇一二〇-八-七六七六四三

ブックデザイン 鈴木成一デザイン室
印刷・製本所 株式会社 光邦

Printed in Japan ISBN978-4-344-98494-3 C0295
た-22-1

幻冬舎ホームページアドレス http://www.gentosha.co.jp/
*この本に関するご意見・ご感想をメールでお寄せいただく場合は、comment@gentosha.co.jp まで。

幻冬舎新書

佐藤康光
長考力
1000手先を読む技術

一流棋士はなぜ、長時間にわたって集中力を保ち、深く思考し続けることができるのか。直感力や判断力の源となる「大局観」とは何か。異端の棋士が初めて記す、「深く読む」極意。

林成之
子どもの才能は3歳、7歳、10歳で決まる！
脳を鍛える10の方法

年齢ごとに子どもの脳の発達段階は変わるが、それに合わせて子どもをしつけ、教育すると、子どもの才能は驚異的に伸びる！　その方法を、脳医学の知見からわかりやすく解説。

深代千之　長田渚左
スポーツのできる子どもは勉強もできる

「東大入試に体育を」と提唱するスポーツ科学の第一人者と、数々のトップアスリートを取材してきたジャーナリストが、学力と運動能力の驚くべき関係を明らかにする。「文武両道」子育てのすすめ。

深沢真太郎
数学的コミュニケーション入門
「なるほど」と言わせる数字・論理・話し方

仕事の成果を上げたいなら数学的に話しなさい！　定量化、グラフ作成、プレゼンのシナリオづくりなど、「数字」と「論理」を戦略的に使った「数学的コミュニケーション」のノウハウをわかりやすく解説。